CME

Teacher's Book 教师用书

3rd Edition

Simplified Character Version 简体版

CHINESE Made Easy

轻松学汉语

Joint Publishing (H.K.) Co., Ltd.
三联书店（香港）有限公司

Chinese Made Easy (Teacher's Book 2) (Simplified Character Version)

Editor	Guo Yang
Cover design	Arthur Y. Wang, Zhong Wenjun, Wu Danna
Graphic design	Wu Danna
Typeset	Yang Lu

Published by
JOINT PUBLISHING (H.K.) CO., LTD.
20/F., North Point Industrial Building,
499 King's Road, North Point, Hong Kong

Distributed by
SUP PUBLISHING LOGISTICS (H.K.) LTD.
3/F., 36 Ting Lai Road, Tai Po, N.T., Hong Kong

First published August 2004
Second edition, first impression, April 2007
Third edition, first impression, March 2018
Third edition, second impression, August 2019

E-mail: publish@jointpublishing.com

轻松学汉语（教师用书二）（简体版）

责任编辑	郭　杨
封面设计	王　宇　钟文君　吴丹娜
版式设计	吴丹娜
排　　版	杨　录
出　　版	三联书店（香港）有限公司 香港北角英皇道 499 号北角工业大厦 20 楼
发　　行	香港联合书刊物流有限公司 香港新界大埔汀丽路 36 号 3 字楼
印　　刷	美雅印刷制本有限公司 香港九龙观塘荣业街 6 号 4 楼 A 室
版　　次	2004 年 8 月香港第一版第一次印刷 2007 年 4 月香港第二版第一次印刷 2018 年 3 月香港第三版第一次印刷 2019 年 8 月香港第三版第二次印刷
规　　格	大 16 开（210 × 280mm）176 面
国际书号	ISBN 978-962-04-4302-2

目 录

前 言

关于教材

《轻松学汉语》系列（第三版）是一套专门为汉语作为外语 / 第二语言学习者编写的国际汉语教材，主要适合小学高年级学生、中学生使用，同时也适合大学生使用。

本套教材旨在帮助学生奠定扎实的汉语基础；培养学生在现实生活中运用准确、得体的语言，有逻辑、有条理地表达思想和观点。这个目标是通过语言、话题和文化的自然结合，从词汇、语法等汉语知识的学习及听、说、读、写四项语言交际技能的训练两个方面来达到的。

本套教材遵循汉语的内在规律。其教学体系的设计是开放式的，教师可以采用多种教学方法，包括交际法和任务教学法。

本套教材共七册，分为两个阶段：第一册至第四册是第一阶段，第五册至第七册是第二阶段。第一册至第四册课本和练习册是分开的，而第五册至第七册课本和练习册合并为一本。

关于教师用书

为了帮助教师轻松有效地备课，指导课本教学，我们编写了《轻松学汉语教师用书》。

本《教师用书》的主要内容包括：

- 教学目标　列出了每课的教学目标，方便教师把握学完一课学生要掌握哪些内容。
- 教学重点　列出了每课的生词重点、短语重点、语法重点和交际重点。
- 教学提示　对主要的语法点进行讲解，给出语法点结构、示例和注意事项，帮助教师把握语法内容。
- 教学流程　提供了课本内容教学顺序的先后建议，教师也可以根据实际教学需求灵活调整教学顺序。
- 教学建议　提供了生词、课文和练习的详细教学建议，操作性强，教师可以参考建议中的方法开展教学。
- 补充练习　教师可以根据学生的实际水平决定是否进行扩展练习。
- 参考答案　为有固定答案的习题及部分开放式习题提供参考答案，方便教师使用。

我们建议教师从实际情况和教学经验出发进行教学，不必拘泥于本书提供的内容。

关于配套资源

除了教师用书以外，本套教材还包括练习册、词卡、图卡、单元测试卷、答案、录音等配套资源。其中，单元测试卷、答案、录音可以在官网上下载：http://www.chinesemadeeasy.com/download/CME。

第一课 我们搬家了

教学目标

1. 理解和使用表示动作完成的“了”、趋向补语、结果补语、“有”字句。
2. 询问和回答自己新家（公寓楼）的情况。
3. 介绍自己的新家（洋房），包括房子周围的设施和房子内部的构造。
4. 写一篇关于自己家的种类、构造、大小、家居物品等的短文。
5. 初步了解中国城市和乡村的住房特点，并与自己所在城市的居住特点相对比。

教学重点

1. 生词重点：搬家、幢、层、面、边
2. 短语重点：一幢楼房、二十五层、四间卧室、餐厅里面、房子右边
3. 语言点重点：“了”、趋向补语、结果补语、“有”字句
4. 交际重点：谈论自己的新家，介绍新家周围的设施和内部构造。

教学提示

1. 了

表示动作完成。

结构： 动词 + 了

示例： 我们家上个周末搬家了。

哥哥去了美国。

注意： 动词表示具体的动作行为。

2. 趋向补语、结果补语

用来补充说明动作行为的位移方向或结果。

结构： 动词 + 趋向动词（上、下、进、出、过）（+ 宾语）

动词 + 形容词（+ 宾语）

示例： 我们搬进了新家。

哥哥学会了打网球。

注意： 结果补语和动词之间不能插入任何成分，其否定形式为“没 / 没有 + 动词 + 形容词”。

3. “有”字句

表示存在。

结构： 处所词 + 有 + 名词

示例： 卧室里有床和书桌。

房子后面有一个游泳池。

注意： 否定式为“没 / 没有”。

“有”字句中的名词是不确指的，可以说“有一个游泳池”，不能说“有这个游泳池”。

教学流程

1. 建议老师通过分享李贝・格拉森编著的《最温暖的家》或其中的部分插图导入本课。
2. 建议学习生词 1、语言点 1、2，完成练习 1、2，然后学习课文 1，结合课文介绍中国大城市公寓房的情况，再让学生仿照课文互相采访。
3. 建议先学习生词 2 和语言点 3，再听课文，在课本插图上按照课文描述标记序号，然后回答问题，完成角色扮演和口头报告等练习。
4. 建议文化部分可以给学生提供一些视频或中国的售房广告，让学生结合老师提供的信息对比自己所在的地区，做一份报告。

第一课 我们搬家了

生词 1

❶ bān 搬 move　bān jiā 搬家 move (house)　wǒ men jiā shàng ge zhōu mò bān jiā le 我们家上个周末搬家了。

Grammar: "了" can be put after a verb to indicate a completed action.

nǐ men bān dào nǎr le 你们搬到哪儿了？

Grammar: a) "到" serves as the complement of result.
b) Pattern: Verb + Complement of Result (+ Object)

❷ zhuàng 幢 a measure word (used for buildings)　❸ lóu 楼（樓）floor; building　wǒ men de xīn jiā zài shí bā lóu 我们的新家在十八楼。

❹ fáng 房 room; house　shū fáng 书房 study room　lóu fáng 楼房 building

wǒ men bān jìn le yí zhuàng lóu fáng 我们搬进了一幢楼房。

Grammar: a) "进" serves as the complement of direction.
b) Pattern: Verb + Complement of Direction

❺ gòng 共 altogether　yí gòng 一共 altogether

❻ céng 层（層）floor　nà zhuàng lóu fáng yí gòng yǒu duō shao céng 那幢楼房一共有多少层？

❼ xīn 新 new　❽ jiān 间（間）room; a measure word (used of rooms)　fáng jiān 房间 room

❾ wò 卧 lie　wò shì 卧室 bedroom　nǐ men de xīn jiā yǒu jǐ jiān wò shì 你们的新家有几间卧室？

❿ kè 客 guest　⓫ tīng 厅（廳）hall　kè tīng 客厅 living room　⓬ cān 餐 eat　cān tīng 餐厅 dining room

⓭ chú 厨（廚）kitchen　chú fáng 厨房 kitchen

⓮ yù 浴 bath　yù shì 浴室 bathroom

生词教学

- 搬家：动宾结构的离合词，可以插入"了、过"等成分，后面不能再跟宾语。
- 幢：量词，一般用来修饰楼房。
- 层：表示重叠的事物，可以用于楼房，也可以用于书架、食物等，如"两层楼、三层书架、五层蛋糕"。
- 可以利用词语卡片、PPT 等方式练习生词。

教学建议

- 建议老师先通过几个对比例句让学生掌握"了、会"的意义和用法。
- 建议在黑板上画出"T"型表格，左侧为"了"，右侧为"会"。老师将课本上的时间词（可以根据学生数量再补充）做成词卡随机发给学生，让学生根据拿到的卡片站队，并用自己的词卡选择课本上的一幅图说一个完整的句子。正确的学生可以获得一次课堂加分。

第1题 补充练习

1. 爸爸　学德语
2. 妈妈　出差
3. 妹妹　去火车站

1 模仿例子，看图说话

你可以用

a) 上个周末　这个周末　下个周末
b) 上个星期　这个星期　下个星期
c) 上个月　这个月　下个月

A. Actions that happened in the past

爸爸
去法国

例子：爸爸上个月去了法国。

① 

妈妈
去上海

妈妈上个星期坐火车去了上海。

② 

妹妹
开生日会

妹妹上个周末开了生日会。

B. Actions that will happen in the future

爷爷
去美国

例子：爷爷这个周末会去美国。

① 

哥哥
滑冰

哥哥这个周末会去滑冰。

② 

姐姐
去北京

姐姐下个月会去北京上大学。

2 用所给结构看图说话

A. 结构：你们家搬到哪儿了？

① 
小弟弟
长高

小弟弟长高了。

② 
看见
爸爸

我看见爸爸了。

③ 
小妹妹
学会

小妹妹学会游泳了。

B. 结构：我们搬进了一幢楼房。

① 
跑回
外婆家

他跑回了外婆家。

② 
走进
厨房

她走进了厨房。

③ 
搬出
爸爸妈妈的家

她搬出了爸爸妈妈的家。

教学建议

- 建议老师通过问答设置情境，帮助学生熟悉“结果补语”。如询问学生的暑假生活，让学生说说自己掌握的新本领，如“我学会了打冰球”等。
- 建议老师通过动作展示、动态图等帮助学生理解和掌握趋向补语的具体含义。

教学建议

- 建议老师让学生在课前独立或在父母帮助下完成一幅住房平面图，上课时交给老师。
- 老师随机挑选三个学生的住房平面图展示给大家，请其中一个学生描述自己的图，其他的学生判断哪幅图是他的家。
- 还可以让学生用比较的方式描述自己的家和同伴的家，如“我家有三个房间，他家有四个房间”等。

3 模仿例子，画图并介绍你的家

例子：

这是我的家。我家有三间卧室、一个书房、一个客厅、一个餐厅、一个厨房和两间浴室。这是我的房间。我的房间不太大。……

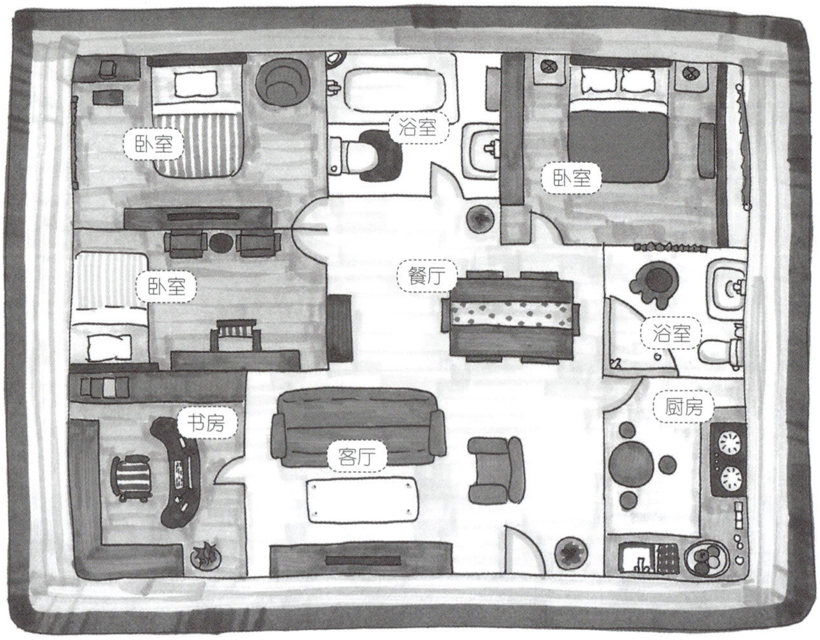

教学建议

- 可以利用听力练习导入课文，确认学生理解了每个问题。
- 提醒学生边听课文边做笔记。

4 听课文录音，回答问题

1) 周冰家搬家了吗？
对。
2) 那幢楼房一共有多少层？
二十五层。
3) 她的新家在几楼？
十八楼。
4) 她的新家一共有几间卧室？
四间卧室。
5) 她的新家有书房吗？
有。
6) 她的新家有几间浴室？
三间浴室。
7) 她的房间大吗？
很大。
8) 她喜欢她的新家吗？
喜欢。

课文 1

2

zhōubīng nǐ men jiā bān jiā le duì ma
周冰，你们家搬家了，对吗？

duì wǒ men jiā shàng ge zhōu mò bān jiā la
对，我们家上个周末搬家了。

bān dào nǎr le
搬到哪儿了？

wǒ men bān jìn le yí zhuàng lóu fáng
我们搬进了一幢楼房。

nà zhuàng lóu fáng yí gòng yǒu duō shao céng
那幢楼房一共有多少层？

yǒu èr shí wǔ céng
有二十五层。

nǐ men de xīn jiā zài jǐ lóu
你们的新家在几楼？

zài shí bā lóu
在十八楼。

nǐ men de xīn jiā yǒu jǐ jiān wò shì
你们的新家有几间卧室？

yǒu sì jiān wò shì hái yǒu yí ge shū fáng yí ge kè tīng yí ge cān tīng yí ge chú fáng hé sān jiān yù shì
有四间卧室，还有一个书房、一个客厅、一个餐厅、一个厨房和三间浴室。

nǐ de fáng jiān dà ma nǐ xǐ huan nǐ de xīn jiā ma
你的房间大吗？你喜欢你的新家吗？

wǒ de fáng jiān hěn dà wǒ hěn xǐ huan wǒ de xīn jiā
我的房间很大。我很喜欢我的新家。

5

教学建议

- 课文重点培养学生的口语交际能力。
- 听录音跟读后，可以让学生两两一组进行对话练习。
- 建议老师结合课文、视频或者卖房广告介绍中国大城市的住房特点等。

教学建议

- 建议老师将活动主题定为“乔迁之喜”茶话会。准备若干张房屋平面图，包括中国的和当地的房屋平面图，请学生几个人一组，根据平面图互相介绍自己的“家”。
- 活动结束后，请学生互相推荐自己小组里介绍得最好的学生和大家分享。

5 角色扮演

Suppose this is your apartment. Make a conversation with your partner using the questions suggested.

1) 你们家搬家了，对吗？
2) 你们搬到哪儿了？
3) 那幢楼房一共有多少层？
4) 你们的新家在几楼？
5) 你们家一共有几间卧室？
6) 你们家有书房吗？
7) 你们家有几间浴室？
8) 你们家的浴室大吗？
9) 你们家的厨房大吗？
10) 你们家的客厅大吗？
11) 你的房间大吗？
12) 你喜欢你的新家吗？

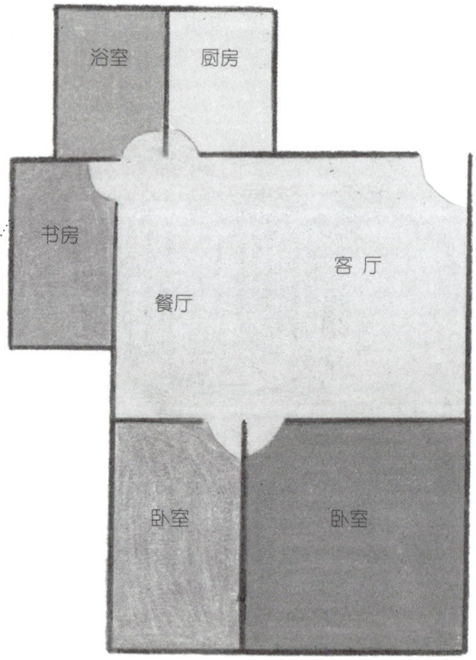

生词 2 3

① yáng 洋 foreign　yángfáng 洋房 Western-style house

② huā 花 flower　③ yuán 园（園）garden　huāyuán 花园 garden

④ kù 库（庫）warehouse　chē kù 车库 garage

⑤ chí 池 pool　yóuyǒngchí 游泳池 swimming pool　⑥ fáng zi 房子 house

⑦ miàn 面 a suffix　wài miàn 外面 outside　qián miàn 前面 in front　hòu miàn 后面 behind

⑧ yǒu 有 there be　wǒ men de fáng zi qián miàn yǒu yí ge xiǎo huā yuán　fáng zi hòu miàn yǒu yí ge dà huā yuán
我们的房子前面有一个小花园，房子后面有一个大花园。

Grammar: Sentence Pattern: Place Word + 有 + Object

⑨ zuǒ 左 left　⑩ yòu 右 right

⑪ bian 边 a suffix　zuǒ bian 左边 left side　yòu bian 右边 right side

chē kù zài fáng zi zuǒ bian　yóu yǒng chí zài fáng zi yòu bian
车库在房子左边，游泳池在房子右边。

Grammar: Sentence Pattern: Subject + 在 + Place Word

⑫ xǐ 洗 wash　xǐ shǒu jiān 洗手间 toilet　⑬ shā fā 沙发（發）sofa

⑭ lǐ 里（裡）inside　lǐ miàn 里面 inside　kè tīng lǐ miàn yǒu shā fā hé diàn shì 客厅里面有沙发和电视。

⑮ zhuō 桌 table; desk　cān zhuō 餐桌 dining table

⑯ yǐ 椅 chair　yǐ zi 椅子 chair　⑰ kè fáng 客房 guest room

生词教学

- 面、边：词缀，用在方位词的后面，两者一般可以替换使用。
- 可以总结一下方位短语，如“房子外面、客厅左边”等。
- 可以利用词语卡片、PPT 等方式练习生词。

教学建议

- 建议通过观察图片、问答的方式帮助学生熟悉“有”字句和“在”，描述相对位置。
- 老师可以提供一张内容丰富的彩色住房横截面图片，让学生用“呼叫转移大接龙”的方式做扩展练习，如“房子前面有一个游泳池。”“游泳池后面有一个花园。”等。

6 用所给结构看图说话

A. 结构：房子前面有一个小花园。

① 

客厅里面有一张沙发。

② 

学校外面有两个学生。

③ 

房子后面有一个花园。

④ 

洋房外面有一个游泳池。

B. 结构：车库在房子左边。

① 

牛仔裤在浴室里边（面）。

② 

车在车库里边（面）。

③ 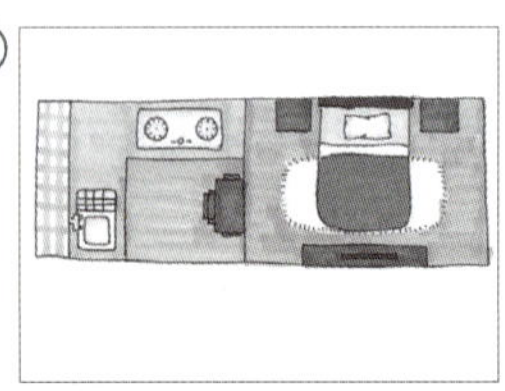

厨房在客厅左边（面）。

④ 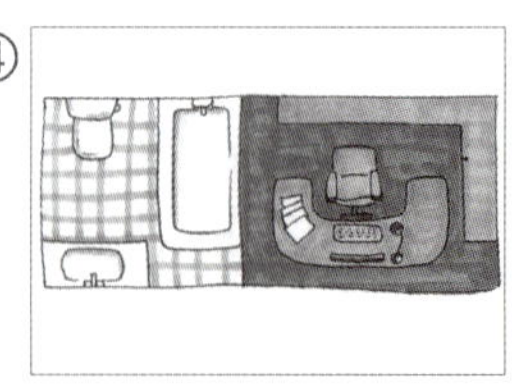

书房在卧室右边（面）。

7 看图说话

你可以用

昨天　今天　明天

A. Actions that happened in the past

① 他们家 搬进

他们家昨天搬进了新家。

② 爸爸 去北京

爸爸今天坐飞机去了北京。

B. Actions that will happen in the future

① 她 游泳

她今天下午会去游泳。

② 弟弟 生日会

弟弟明天会在家开生日会。

8 听课文录音，回答问题

1) 学文家搬进了什么样的房子？
洋房。

2) 他的新家有游泳池吗？
有。

3) 房子的前面有什么？
小花园。

4) 车库在哪儿？
在房子左边。

5) 他的新家一共有几层？
三层。

6) 一楼有什么？
客厅、餐厅、厨房和洗手间。

7) 他的卧室在几层？
二层。

8) 书房和客房在几楼？
三楼。

教学建议

- 建议老师先通过几个例句帮助学生复习“了、会”的用法。
- 建议老师将“今天、明天、昨天”三个时间词做成PPT闪现卡，学生分成两组展开竞赛，轮流用闪现出来的时间词把句子补充完整，回答正确即可为本组加分。

第7题　补充练习

1. 张红　弹钢琴
2. 李月　跑步
3. 小华　学外语
4. 爸爸　去公司

教学建议

- 可以利用听力练习导入课文。
- 提醒学生边听课文边在课本插图上标记序号。
- 学生回答听力问题时，老师可以就课文内容做适量补充，完成课文的展示、串讲。

教学建议

- 课文重点培养学生的书面语交际能力。
- 可以在讲解完课文后，让学生填写去掉了重点词语和核心语言点的课文，做完型填空。可以提供不同难度的完型填空让学生根据自己的水平自行选择。
- 可以让学生找一找课文中表示方位的词语，如“左边、右边、里面”等，并根据课文描述，独立或者合作画出课文中家里的平面图。老师可以提供一个平面图模板。

课文 2

zhōu bīng
周冰：

nǐ hǎo
你好！

wǒ men jiā zuó tiān yě bān jiā le wǒ men bān jìn le yí zhuàng yáng fáng wài miàn yǒu huā
我们家昨天也搬家了。我们搬进了一幢洋房，外面有花
yuán chē kù hé yóu yǒng chí wǒ men de fáng zi qián miàn yǒu yí ge xiǎo huā yuán fáng zi hòu miàn
园、车库和游泳池。我们的房子前面有一个小花园，房子后面
yǒu yí ge dà huā yuán chē kù zài fáng zi zuǒ bian yóu yǒng chí zài fáng zi yòu bian
有一个大花园。车库在房子左边，游泳池在房子右边。

wǒ men de yáng fáng yí gòng yǒu sān céng yī lóu yǒu kè tīng cān tīng chú fáng hé xǐ shǒu
我们的洋房一共有三层。一楼有客厅、餐厅、厨房和洗手
jiān kè tīng lǐ miàn yǒu shā fā hé diàn shì cān tīng lǐ miàn yǒu cān zhuō hé yǐ zi èr lóu yǒu
间。客厅里面有沙发和电视，餐厅里面有餐桌和椅子。二楼有
sān jiān wò shì bà ba mā ma de wò shì gē ge de wò shì hé wǒ de wò shì èr lóu hái
三间卧室：爸爸妈妈的卧室、哥哥的卧室和我的卧室。二楼还
yǒu liǎng jiān yù shì sān lóu yǒu shū fáng hé kè fáng
有两间浴室。三楼有书房和客房。

nǐ shén me shí hou lái wǒ de xīn jiā
你什么时候来我的新家？

zhù hǎo
祝好！

xué wén
学文

jiǔ yuè wǔ rì
九月五日

9 角色扮演

Suppose you just moved into the house below. Make a conversation with your partner using the questions suggested.

1) 你们家搬进了什么样的房子？
2) 你们家有花园吗？
3) 你们家有游泳池吗？游泳池在哪儿？
4) 你们家有车库吗？车库在哪儿？
5) 你们家的房子一共有几层？
6) 餐厅在几层？
7) 你爸爸妈妈的卧室在哪儿？
8) 书房在几楼？书房大吗？
9) 你们家的客厅大吗？
10) 客厅里面有什么？

教学建议

- 请学生两两一组先做练习，并要求每个小组根据图片上的信息补充至少两个新的类似问题。
- 建议老师把课本插图做成一个大展板，学生练习完以后可以使用展板来做展示，让说话者和其他学生都可以更加清晰地将描述和房屋结构、内部摆设的相对位置等信息进行对应。

教学建议

- 建议老师先带着学生做短语扩展。通过“头脑风暴”和老师的提示，每个学生都可以有一定数量的补语词汇单。如“到：看到、听到、见到、吃到、跑到”等。
- 先用课本上的图片熟悉补语结构，然后学生每个人用四个补语分别造至少三个句子，四个人一组为单位，在规定时间里分享某一个指定的补语句子，时间到了以后分享下一个补语句子，直到活动结束。
- 每个人分享结束后在课本或笔记本上写下自己听到的最好的四个句子，每个补语一句。

10 用所给词语看图填空

你可以用
到　会　见　高

①

他们家搬 ___到___ 上海了。

②

小妹妹一岁了，她学 ___会___ 说话了。

教学建议

- 建议老师让学生通过“你演我说”的方式或者利用“玩偶之家”等道具强化训练趋向补语的意义。

11 用所给词语看图填空

你可以用
上　下　进　出　来　去

①

她走 ___进___ 楼里了。

②

弟弟跑 ___出___ 客厅了。

③

爸爸坐 ___进___ 车了。

④

他走 ___上___ 楼了。

12 口头报告

Draw your apartment/house and describe it to class.

例子：

这是我家的房子。房子外面有一个大花园。我家还有游泳池和车库。游泳池在房子后面。车库在房子右边。

我家的房子很大，一共有两层，有四间卧室、……

你可以用

a) 我家住洋房。
b) 房子前面有一个小花园。
c) 卧室和浴室在二楼。
d) 我的卧室在二楼。
e) 一楼有客厅和厨房。
f) 书房在餐厅的左边。
g) 客厅里面有沙发和电视。

教学建议

- 可以考虑把这个练习改编成“Airbnb”（http://zh.airbnb.com）活动。这是一个家庭旅馆共享网站，房东把自己房子的信息放在网站上，让有短租需求的人订购。老师可以先和大家一起浏览一下这个网站，然后将学生分成小组，每组成员一同为自己的家制作一份这样的介绍资料。
- 请不同班级或高年级的中文班学生为小组成果投票，选出“我最想入住的家”。

第二课　我的房间

教学目标

1. 理解和使用“挺”、“是”字句、“太”。
2. 询问和回答关于自己房间的问题。
3. 介绍自己房间里的物品及摆放。
4. 写一篇关于自己房间的短文，包括房间大小、物品的摆放和自己在房间里经常做的事情。
5. 初步了解中国学生房间常见的摆设。

教学重点

1. 生词重点：听说、为什么
2. 短语重点：我家楼上、自己的房间、床的对面、一双运动鞋、一副手套
3. 语言点重点：“挺”、“是”字句、“太”
4. 交际重点：谈论自己的房间，介绍自己房间的物品摆设和可以做的事情。

教学提示

1. 挺

表示程度高，一般用于口语。

结构： 挺 + 形容词 + 的

示例： 我的房间挺大的。

我挺喜欢新老师的。

注意：“挺”表示的程度较“很”要低一些。

2. “是”字句

表示存现。

结构： 处所词语 + 是 + 名词

示例： 我们家对面是一个超市。

床的对面是我的电脑桌。

3. 太

表示程度很高，常带有感叹的语气。

结构： 太 + 形容词 + 了

示例： 我的新学校太好了！

你的房间太乱了！

这条裤子太短！

注意：“太”表示肯定和称赞的时候，一般句末都有“了”，表示否定和批评的时候，“了”可以省略。

教学流程

1. 建议老师播放一段歌手邓丽君介绍自己房间的幽默视频或者是播放《樱桃小丸子——小丸子想要一个自己的房间》中的片段来导入本课，请学生说一说自己的情况。
2. 建议学习生词 1、语言点 1、2，完成练习 1、2，然后学习课文 1，回答问题，再让学生仿照课文和插图介绍园园的房间。
3. 建议先学习生词 2 和语言点 3，再听课文，在课本插图上按照课文描述标记序号，然后回答问题，完成角色扮演和口头报告等练习。
4. 建议文化部分可以让学生上网查一查或者请国内的朋友以视频的方式向学生展示中国学生房间的常见摆设。

第二课　我的房间

生词教学

- 听说：表示“听别人说”，可以放在句首或句中。
- 可以总结复习一下表示物品性质的词语，强化训练“挺”的用法，如“多、少、矮、短、差、长”等。
- 可以利用词语卡片、PPT等方式练习生词。

生词 1

5

❶ 听说 tīngshuō hear (of)　❷ 楼上 lóu shàng upstairs　❸ 楼下 lóu xià downstairs

我叔叔住在我家楼上，爷爷奶奶住在我家楼下。
wǒ shū shu zhù zài wǒ jiā lóu shàng, yé ye nǎi nai zhù zài wǒ jiā lóu xià.

❹ 自 zì self; oneself　❺ 己 jǐ oneself　自己 zì jǐ oneself　你现在有自己的房间了吗？ nǐ xiàn zài yǒu zì jǐ de fáng jiān le ma?

❻ 兴（興）xìng excitement　高兴 gāo xìng happy　❼ 开 kāi open　❽ 心 xīn heart; mind　开心 kāi xīn be delighted

❾ 挺 tǐng quite　我的房间挺大的。 wǒ de fáng jiān tǐng dà de.

Grammar: Pattern: 挺 + Adjective + 的

❿ 柜（櫃）guì cabinet　柜子 guì zi cabinet　床头柜 chuáng tóu guì bedside cabinet　衣柜 yī guì wardrobe

⓫ 书桌 shū zhuō desk　⓬ 脑（腦）nǎo brain　电脑 diàn nǎo computer　⓭ 架 jià shelf　书架 shū jià bookshelf

⓮ 上面 shàng miàn on top of; above　⓯ 下面 xià miàn under; below

⓰ 对 duì face　对面 duì miàn opposite　⓱ 旁 páng side　旁边 pángbiān side; beside

⓲ 是 shì exist　床的对面是衣柜。 chuáng de duì miàn shì yī guì.

Grammar: Sentence Pattern: Place Word + 是 + Object

⓳ 课 kè course; subject　⓴ 本 běn book　课本 kè běn textbook

㉑ 小说 xiǎo shuō novel　㉒ 杂（雜）zá various　㉓ 志（誌）zhì records　杂志 zá zhì magazine

㉔ 相 xiàng appearance　㉕ 框 kuàng frame　相框 xiàng kuàng photo frame

1 用所给结构看图说话 见参考答案

结构：I. 房子后面有一个大花园。

II. 车库在房子左边。

例子：

这是我的新家。我们家住洋房。

我们家的洋房前面有一个小花园，后面有一个大花园。我们家还有一个车库。车库在……

我们家有……

你可以用

a) 前面 = 前边
b) 后面 = 后边
c) 里面 = 里边
d) 外面 = 外边
e) 对面
f) 左边
g) 右边
h) 旁边

教学建议

- 建议老师先通过“前前后后左左右右”的方向游戏带着学生练习所有方向词。老师或某个学生说方向，其他学生转方向。也可以通过口令来强化练习方向词，如“男生在女生的右边！女生在男生的前面！女生在女生的对面！”等。
- 建议通过句子接龙的方式完成对图片的描述，每个人一句话。

第 1 题　参考答案

1. 车库在大花园的右边。
2. 我们家有两间卧室、一个客厅、一个餐厅、一个厨房和一个浴室。客厅里有沙发。餐厅里有餐桌和椅子。卧室里有床、衣柜、床头柜、桌子和椅子。

2 用所给结构看图说话 见参考答案

结构：I. 书架上面有很多书。

II. 床的对面是一个书架。

III. 床头柜在床的左边。

教学建议

- 建议老师先通过例句总结公式，让学生清楚存现句的三种表达方式，“是”字句和“有”字句结构相似，注意“在”的结构特点。
- 建议老师准备三个乒乓球或书签，分别代表“是、有、在”，让学生轮流抽签，用指定词语描述房间里物品的位置。

3 听课文录音，回答问题

1) 园园的爷爷奶奶住在哪儿？
住在园园家楼下。

2) 园园现在有自己的房间了吗？
有了。

3) 她每天在自己的房间里做什么？
做作业、看书、上网。

4) 在她的房间里，床的左边是什么？
书桌和椅子。

5) 书桌上有什么？
电脑。

6) 衣柜在哪儿？
在床的对面。

7) 书架在哪儿？
在衣柜的旁边。

8) 书架上有什么？
课本、小说、杂志和相框。

教学建议

- 可以利用听力练习导入课文，确认学生理解了每个问题。
- 提醒学生边听课文边做笔记。
- 可以根据学生水平练习听力预设能力，根据生活经验猜测答案。

16

第 2 题　参考答案

1. 床上有一件毛衣。
2. 书桌的对面是一个沙发。
3. 书桌在床的右边。
4. 衣柜在书桌的右边。
5. 书架在沙发的左边。
6. 电脑在书桌上。
7. 相框在书桌上。

课文 1 6

yuányuan tīngshuō nǐ bān jiā le
园园，听说你搬家了。

duì wǒ hěn xǐ huan wǒ de xīn jiā wǒ shū shu zhù zài wǒ jiā lóu shàng yé ye nǎi nai zhù zài lóu xià
对。我很喜欢我的新家。我叔叔住在我家楼上，爷爷奶奶住在楼下。

nǐ xiàn zài yǒu zì jǐ de fáng jiān le ma
你现在有自己的房间了吗？

yǒu le
有了。

nǐ gāo xìng ma
你高兴吗？

wǒ hěn kāi xīn wǒ xiàn zài měi tiān dōu zài zì jǐ de fáng jiān li zuò zuò yè kàn shū shàngwǎng
我很开心。我现在每天都在自己的房间里做作业、看书、上网。

nǐ de fáng jiān dà bu dà
你的房间大不大？

tǐng dà de wǒ de fáng jiān li yǒu chuáng chuáng tóu guì shū zhuō děngděng chuáng de zuǒ bian shì shū zhuō hé yǐ zi shū zhuōshàngmiàn yǒu wǒ de diàn nǎo xià miàn yǒu yí ge xiǎo guì zi chuáng de duì miàn shì yī guì yī guì de pángbiān shì shū jià
挺大的。我的房间里有床、床头柜、书桌等等。床的左边是书桌和椅子。书桌上面有我的电脑，下面有一个小柜子。床的对面是衣柜。衣柜的旁边是书架。

nǐ de shū jià shang yǒu shén me
你的书架上有什么？

shū jià shang yǒu kè běn xiǎoshuō zá zhì hé xiàngkuàng
书架上有课本、小说、杂志和相框。

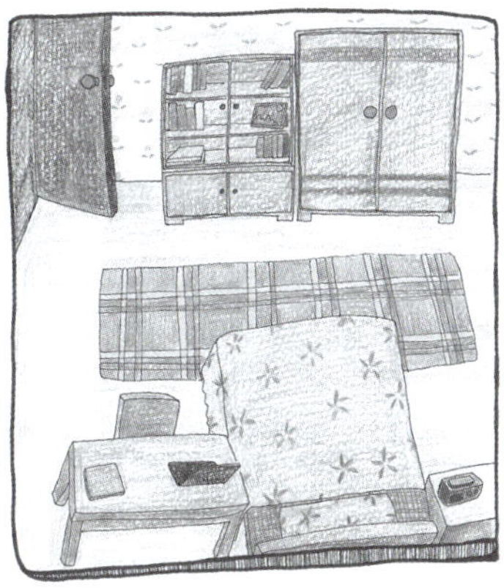

教学建议

- 课文重点培养学生的口语交际能力。
- 建议老师让学生根据课文内容和课本插图描述园园的房间。
- 听录音跟读后，可以让学生两两一组进行对话练习。

4 根据实际情况回答问题

1) 你的头发长不长？
2) 你的朋友多不多？
3) 你的房间大不大？
4) 你家的房子大不大？
5) 你这个星期忙不忙？
6) 你今天高(兴)不高兴？
7) 你今天开(心)不开心？
8) 你长得高不高？

教学建议

- 建议采用轮换的方式进行问答训练：学生可以面对面站成两排，两两一组在规定时间里按题目顺序互相问答，时间到了以后都向右一步换新的问答对象，新的小组以速度较慢的一方为准继续问答，直到问完所有问题。
- 建议老师为学生提供记录表格，问完所有问题后请学生分享自己采集到的回答情况。

5 角色扮演 见参考答案

Suppose this is your room. Make a conversation with your partner using the questions suggested.

1) 你有自己的房间吗？
2) 你的房间大不大？
3) 你的房间里有什么？
4) 你的衣柜里有什么衣服？
5) 你的书架上有什么书？
6) 你的书桌上有什么？
7) 你常在自己的房间里做什么？
8) 你喜欢不喜欢自己的房间？

教学建议

- 建议老师可以提前录制一个视频介绍自己的房间，给学生播放。
- 然后请学生两人一组根据图片内容互相练习介绍房间里的摆设情况。
- 水平较高的学生可以建议他们介绍自己的房间或者介绍教室。

18

第 5 题 参考答案

1. 有。
2. 不太大。
3. 床、衣柜、沙发、书架、书桌、椅子和床头柜。
4. T 恤衫、衬衫、长裤。
5. 课本、小说、杂志。
6. 相框、电脑。
7. 做作业、看书、上网。
8. 喜欢。

生词 2 (7)

1 乱（亂）luàn messy　妈妈说我的房间太乱了。mā ma shuō wǒ de fáng jiān tài luàn le
Grammar: Pattern: 太 + Adjective + 了

2 包 bāo bag　书包 shū bāo schoolbag　3 书柜 shū guì book cabinet

4 鞋 xié shoe　鞋子 xié zi shoe　运动鞋 yùn dòng xié sneakers　鞋柜 xié guì shoe cabinet

5 皮 pí leather　皮鞋 pí xié leather shoes　6 袜（襪）wà socks　袜子 wà zi socks

7 双（雙）shuāng pair; a measure word (used for shoes, socks and hands)　两双运动鞋 liǎng shuāng yùn dòng xié

8 围（圍）wéi enclose　9 巾 jīn piece of cloth　围巾 wéi jīn scarf

10 条（條）tiáo a measure word (used for narrow or thin and long items)　两条围巾 liǎng tiáo wéi jīn

11 运动服 yùn dòng fú sportswear

12 套 tào set; a measure word (used for sets of things); cover　一套运动服 yí tào yùn dòng fú　手套 shǒu tào glove

13 帽 mào hat　帽子 mào zi hat

14 顶（頂）dǐng a measure word (used for something that has a top)　三顶帽子 sān dǐng mào zi

15 副 fù pair; a measure word (used for accessories)　一副手套 yí fù shǒu tào

16 件 jiàn piece; a measure word (used for clothes, especially tops)　两件毛衣 liǎng jiàn máo yī

17 桌子 zhuō zi table; desk　18 耳机 ěr jī earphone　19 地上 dì shang on the ground

20 为（為）什么 wèi shén me why　为什么衣服在床上，袜子在地上？wèi shén me yī fu zài chuáng shang, wà zi zài dì shang

生词教学

- 为什么：一般用于询问原因。但本课表示的是反问和责备，不期望对方回答原因。
- 可以总结一下数量短语和名词的固定搭配，如"双：鞋子 / 袜子、条：围巾 / 裤子、件 - 衣服"等。
- 可以利用词语卡片、PPT 等方式练习生词。

6 用所给结构看图说话 见参考答案

教学建议

- 建议先和学生集体讨论一下弟弟的房间里有什么，说一说哪些物品放的位置不太好。
- 建议通过学生互相问答的方式让学生选择“是”字句、“有”字句和“在”描述物品的相对位置，并互相提问某件物品放得好不好，为什么。学生可以用“我喜欢电脑在桌子上，我不喜欢电脑在椅子上”的句式回答。

结构：I. 地上有一双运动鞋。

II. 床的对面是一个衣柜。

III. 床头柜在床的右边。

你可以用

a) 上面 = 上边	f) 外面 = 外边
b) 下面 = 下边	g) 对面
c) 前面 = 前边	h) 左边
d) 后面 = 后边	i) 右边
e) 里面 = 里边	j) 旁边

例子：

这是我弟弟的房间。他的房间不太大。房间里有……

弟弟的房间很乱。他的电脑在椅子上。他的……

第 6 题 参考答案

1. 房间里有床、床头柜、书桌、椅子和衣柜。
2. 他的书包、围巾和手套在桌子上。床上有衬衫、牛仔裤和皮鞋。地上有袜子、手机和鞋。床头柜上有书和相框。

7 用所给词语填空

例子：一条牛仔裤

你可以用

a) 连衣裙	b) 书包	c) 帽子	d) 楼房
e) 运动服	f) 饭店	g) 短裤	h) 耳机
i) T恤衫	j) 公司	k) 同学	l) 洋房
m) 手套	n) 袜子	o) 书柜	p) 浴室
q) 律师行	r) 毛衣	s) 学校	t) 衬衫
u) 运动鞋	v) 围巾	w) 皮鞋	x) 卧室

1) 一条 连衣裙
一条 围巾
一条 短裤

2) 一件 衬衫
一件 T恤衫
一件 毛衣

3) 一幢 楼房
一幢 洋房

4) 一副 手套
一副 耳机

5) 一双 运动鞋
一双 袜子
一双 皮鞋

6) 一个 书包
一个 同学
一个 书柜

7) 一顶 帽子

8) 一家 律师行
一家 饭店
一家 公司

9) 一间 浴室
一间 卧室

10) 一套 运动服

11) 一所 学校

8 听课文录音，回答问题 见参考答案

1) 在他的房间里，地上有什么？
2) 床上有几条围巾？
3) 床上还有什么？
4) 桌子上有什么？
5) 他的电脑在哪儿？
6) 鞋柜在哪儿？
7) 他的房间里有衣柜吗？
8) 他的房间里有书柜吗？

21

教学建议

- 通过“找朋友”的活动做量词搭配练习，每个学生分到一些量词和一些名词，先检查自己手中可以搭配的词语，然后再在全班范围内寻找自己剩余词语所能搭配的名词或量词，看谁最先为手中的所有卡片找到正确的“朋友”。

教学建议

- 可以利用听力练习导入课文。
- 提醒学生边听课文边在课本插图上标记序号。
- 学生回答听力问题时，老师可以就课文内容做适量补充，完成课文的展示和串讲。

第8题 参考答案

1. 鞋、袜子和书包。
2. 两条围巾。
3. 牛仔裤、运动短裤、运动服、帽子、手套和毛衣。
4. 手机和耳机。
5. 桌子下面。
6. 客厅里。
7. 有。
8. 有。

教学建议

- 课文重点培养学生的书面语交际能力。
- 可以在讲解完课文后，让学生填写去掉了重点词语和核心语言点的课文，做完型填空。可以提供不同难度的完型填空让学生根据自己的水平自行选择。
- 可以让学生说一说自己的房间如果这么乱，爸爸妈妈会说什么。试着给“我”一些收拾房间的建议。

课文 2 8

mā ma shuō wǒ de fáng jiān tài luàn le
妈妈说我的房间太乱了。

zài wǒ de fáng jiān li dì shang yǒu liǎng shuāng yùn dòng xié yì shuāng pí xié yì shuāng
在我的房间里，地上有两双运动鞋、一双皮鞋、一双
zú qiú wà hé yí ge shū bāo chuáng shang yǒu liǎng tiáo wéi jīn sān tiáo niú zǎi kù yì tiáo yùn dòng
足球袜和一个书包。床上有两条围巾、三条牛仔裤、一条运动
duǎn kù yí tào yùn dòng fú sān dǐng mào zi yí fù shǒu tào hái yǒu liǎng jiàn máo yī zhuō
短裤、一套运动服、三顶帽子、一副手套，还有两件毛衣。桌
zi shàng miàn yǒu wǒ de shǒu jī hé ěr jī zhuō zi xià miàn yǒu wǒ de diàn nǎo shū hé zá zhì
子上面有我的手机和耳机，桌子下面有我的电脑、书和杂志。

mā ma shuō kè tīng li yǒu xié guì wèi shén me xié zi zài dì shang fáng jiān li yǒu
妈妈说：“客厅里有鞋柜，为什么鞋子在地上？房间里有
yī guì wèi shén me yī fu zài chuáng shang wà zi zài dì shang fáng jiān li yǒu shū guì wèi
衣柜，为什么衣服在床上，袜子在地上？房间里有书柜，为
shén me shū hé zá zhì zài zhuō zi xià miàn
什么书和杂志在桌子下面？”

22

9 用所给结构完成句子

结构：I. 我爸爸有很多衬衫。
（有：has）

II. 妈妈的裙子有长的，也有短的。
（有：for listing）

III. 书架上有课本、杂志和相框。
（有：there is）

1) 他今年参加了很多课外活动，有 打网球、打冰球、踢足球等 。

2) 她有很多朋友，有 中国人、美国人、英国人等等 。

3) 她有很多毛衣，有 红色的、蓝色的、粉色的等等 。

4) 她长得高高的、瘦瘦的，她有 大眼睛、高鼻子和小嘴巴 。

5) 他的房间很乱，地上有 衬衫、袜子、课本、手机等 。

6) 她的书架上有 课本、小说、杂志、相框等 。

7) 他的衣柜里有 衬衫、裤子、帽子、围巾、手套等 。

你可以用

a) 打网球 打冰球 踢足球 弹钢琴 跳舞 游泳 滑冰
b) 中国人 美国人 法国人 英国人 德国人 西班牙人 新加坡人
c) 红色 黑色 白色 蓝色 黄色 橙色 紫色 棕色 粉色
d) 眼睛 鼻子 嘴巴 头发 脸
e) 衬衫 裤子 裙子 皮鞋 袜子 手套 围巾 帽子 运动服
f) 小说 课本 杂志 手机 耳机 电脑 相框

教学建议

- 建议老师提醒学生"有"字句表示存现时，"有"的前面是表示处所的词语，便于学生区分"有"的不同含义和用法。
- 鼓励学生尽可能多地使用"你可以用"里提供的词语。
- 练习完成后，还可让学生继续对教室和班上的学生进行描述。

教学建议

- 建议通过"你说我画"的方式完成练习。每个学生先准备好自己房间的图画，然后分小组讨论清楚如何描述自己的房间。老师要提醒学生使用不同的存现句来表述。
- 每个小组请一个代表描述自己的房间，其他小组的成员合作或独立画这个学生的房间，再由代表小组来评价出画得最好、最准确的小组或学生。

10 口头报告

Draw your room and describe it to class.

例子：

这是我的房间。我的房间不太大，但是我很喜欢我的房间。

我的房间里有……。床的对面是书架。书架上有……。书桌在书架的旁边。书桌上有……。衣柜在……。衣柜里有连衣裙、衬衫、牛仔裤等等。……

我每天都在我的房间里做作业、看书、上网。

11 角色扮演

Suppose you have moved into a new home. Invite your friend to visit your new home and show him/her around.

例子：

（在学校）

朋友：听说你们家上个周末搬家了。

你：对。你什么时候来我家？

朋友：我今天下午去你家，行吗？

你：行。你几点来？

朋友：三点半，可以吗？

你：可以。你怎么来？

朋友：我妈妈会开车送我。

……

你可以用

a) 游泳池在房子后面。
b) 房子的右边是车库。
c) 我们的房子一共有三层。
d) 我们的新家一共有三间卧室。
e) 我爸爸妈妈的卧室很大，我的卧室很小。
f) 我现在有自己的房间了。我很高兴。
g) 我的房间很乱。鞋子和衣服都在地上。
h) 我想早点儿回家。
i) 我爸爸可以开车送你回家。

（在你家）

你：请进！请坐！

朋友：谢谢！

你：你想喝点儿什么？

……

朋友：你的新家好大！我喜欢你的新家。

你：谢谢！我们家一共有三层。

朋友：你的卧室在几楼？

……

教学建议

- 建议老师先和学生讨论一下第一次邀请朋友到家里做客的经历，如“怎么向朋友介绍自己的家，朋友一般会问什么问题。”等。如果没有邀请过朋友，可以想一下自己去朋友家玩儿会是什么情况。
- 请学生两人一组编演对话，鼓励学生用“你可以用”中的句子。练习完以后在全班面前展示。请学生从语言、招待客人的能力等方面互相点评。

第三课　我的一日三餐

教学目标

1. 理解和使用宾语前置、“或者”“还是”“A 的 B”。
2. 询问和回答关于自己一日三餐的问题。
3. 介绍自己的一日三餐和食物喜好，特别是周末的用餐习惯。
4. 写关于自己一家人的一日三餐习惯，包括平时和周末的情况。
5. 初步了解中国人的一日三餐情况，调查南北方早餐的差异。

教学重点

1. 生词重点：比如、常常、最、总是
2. 短语重点：吃快餐、喝饮料、都喜欢、做饭
3. 语言点重点：宾语前置、或者、还是、A 的 B
4. 交际重点：谈论自己的一日三餐，介绍家人在一日三餐方面的饮食习惯和喜好。

教学提示

1. 宾语前置

表示强调宾语。

结构： 宾语，主语 + 动词

示例： 中餐、西餐，我都喜欢吃。

冰球、篮球，我都会打。

2. 或者

用在陈述句当中，表示选择。

结构： A 或者 B

示例： 我喝果汁或者可乐。

我要蓝色或者红色。

3. 还是

用在疑问句中，表示选择。

结构： A 还是 B

示例： 你要果汁还是牛奶?

她去美国还是英国?

注意：“或者”和“还是”虽然意思相同，但是要用在不同的句子中。

4. A 的 B

表示限定关系，A 表示 B 的性质、范围或类别等。

结构：（名词 + 动词）+ 的 + 名词

示例： 他们做的饭很好吃。

他问的问题很多。

注意：“的”一般不能省略。

教学流程

1. 建议老师通过“舌尖上的中国”等视频介绍中国美食来导入本课，也可以带一些不涉及学生过敏原的中国食物到班上来给学生品尝。
2. 建议学习生词 1、语言点 1、2、3，完成练习 1、2，然后学习课文 1，回答问题，再让学生仿照课文互相采访。
3. 建议先学习生词 2 和语言点 4，再听课文，回答问题，然后根据课文内容用树形图或表格展现“我的一日三餐”，最后完成角色扮演、翻译和口头报告等练习。
4. 建议给学生提供一些英文阅读材料，请学生对比中国和自己当地的餐饮特点，完成一份对比性的美食海报。

第三课 我的一日三餐

生词教学

- 比如：表示"举例子、列举"，一般放在句中，口语中也常说"比如说"。
- 可以兼带复习一下常见的食物，如"水果、零食"等。
- 可以利用词语卡片、PPT等方式练习生词。

生词 1 (9)

1. cān 餐 meal; food
2. zhōng 中 Chinese　zhōng cān 中餐 Chinese food
3. xī 西 Western　xī cān 西餐 Western food　zhōng cān、xī cān, wǒ dōu xǐ huan chī 中餐、西餐，我都喜欢吃。

   Grammar: a) The object can be put in the front of a sentence for emphasis.
   b) Sentence Pattern: Object, Subject + Verb
4. kuài 快 fast　kuài cān 快餐 fast-food
5. miàn 面（麵）wheat flour; noodles　miàn bāo 面包 bread
6. tiáo 条 long narrow piece　miàn tiáo 面条 noodles
7. jī 鸡（雞）chicken
8. dàn 蛋 egg　jī dàn 鸡蛋 egg
9. nǎi 奶 milk　niú nǎi 牛奶 milk
10. zhī 汁 juice　guǒ zhī 果汁 juice
11. huò zhě 或者 either; or　wǒ hē niú nǎi huò zhě guǒ zhī 我喝牛奶或者果汁。

    Grammar: "或者" is used in statements.
12. hái shi 还是 or　nǐ xǐ huan chī zhōng cān hái shi xī cān 你喜欢吃中餐还是西餐？

    Grammar: "还是" is used in questions.
13. rè 热（熱）hot
14. gǒu 狗 dog　rè gǒu 热狗 hotdog
15. sān míng zhì 三明治 sandwich
16. bǐng 饼（餅）round flat cake　bǐ sà bǐng 比萨（薩）饼 pizza
17. bǐ rú 比如 for example; such as　wǒ yì bān chī kuài cān, bǐ rú rè gǒu、sān míng zhì、bǐ sà bǐng 我一般吃快餐，比如热狗、三明治、比萨饼。
18. chǎo 炒 stir-fry　chǎo miàn 炒面 fried noodles
19. fàn 饭 cooked rice　chǎo fàn 炒饭 fried rice
20. hé 盒 box　hé fàn 盒饭 box meal
21. kě lè 可乐 coke
22. zuò 做 make　zuò fàn 做饭 cook

1 模仿例子，编对话

例子：

A: 你喜欢吃中餐还是西餐？

B: 中餐、西餐，我都喜欢吃。

你可以用

a) 你早饭吃面包还是鸡蛋？
b) 你会做炒面还是炒饭？
c) 你想吃热狗还是三明治？
d) 你明天穿短裤还是裙子？
e) 你家住在十楼还是十一楼？

① 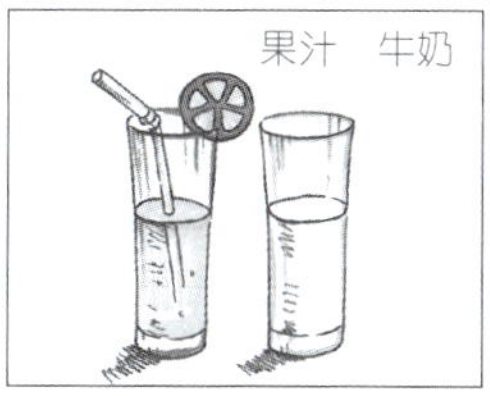

A: 你想喝果汁还是牛奶？
B: 果汁、牛奶，我都想喝。

② 

A: 你喜欢吃中餐还是快餐？
B: 我喜欢吃中餐。

③ 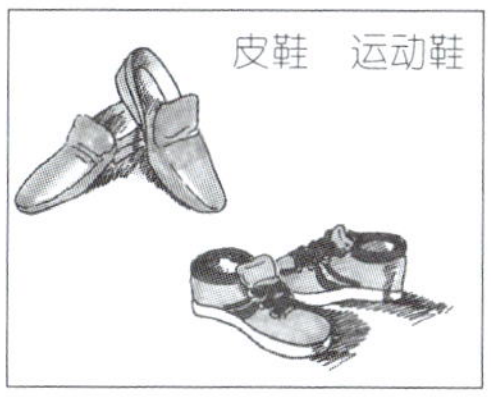

A: 你喜欢穿皮鞋还是运动鞋？
B: 皮鞋、运动鞋，我都喜欢。

④ 

A: 你会做三明治还是比萨饼？
B: 三明治、比萨饼，我都会做。

⑤ 

A: 你想学日语还是法语？
B: 日语和法语，我都想学。

⑥ 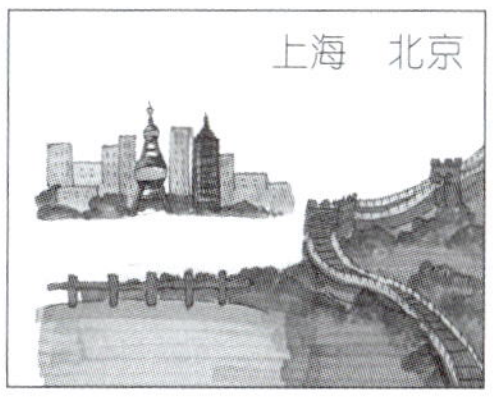

A: 你喜欢上海还是北京？
B: 北京、上海，我都喜欢。

教学建议

- 建议通过全身反应和手势法来帮助学生掌握“还是”的用法。老师提问时可以通过两只手的摆动来示意学生这是一个二选一的问题。
- 建议通过“Turn and Talk”的方式让学生提问，作答，再提问下一个人，完成练习。

第 1 题　补充练习

1. 打篮球　打冰球
2. 学习德语　学习汉语
3. 唱歌　跳舞
4. 红色　蓝色

2 用所给结构看图说话 见参考答案

结构：我晚饭吃炒面或者炒饭。

①  午饭

④  早上

②  晚饭

⑤  中午

③  下午

⑥  早饭

教学建议

- 建议通过全身反应和手势法来帮助学生掌握“或者”的用法。老师提问时可以通过两只手的摆动来示意学生这是一个二选一的问题。
- 建议通过“Turn and Talk”的方式让学生抽卡片和左手边的人分享来完成练习。

3 听课文录音，回答问题

1) 周冰每天都吃早饭吗？
对。
2) 她早饭吃什么？喝什么？
她吃面包、鸡蛋，喝牛奶或者果汁。
3) 她午饭一般吃快餐还是中餐？
快餐。
4) 她经常吃什么快餐？
热狗、三明治、比萨饼。
5) 她晚饭吃什么？
中餐、西餐，她都吃。
6) 她喜欢吃中餐还是西餐？
中餐、西餐，她都喜欢吃。
7) 她会做饭吗？
不会。
8) 她想学做饭吗？
想学。

28

教学建议

- 可以利用听力练习导入课文，确认学生理解了每个问题。
- 提醒学生边听课文边做笔记。

第2题 参考答案

1. 我午饭吃三明治或者比萨饼。
2. 我晚饭吃中餐或者西餐。
3. 我下午打冰球或者打网球。
4. 我早上坐电车或者公共汽车上班。
5. 我中午吃炒面或者盒饭。
6. 我早饭喝果汁或者牛奶。

课文 1

10

zhōubīng　nǐ měi tiān dōu chī zǎo fàn ma
周冰，你每天都吃早饭吗？

duì　wǒ měi tiān dōu chī
对，我每天都吃。

nǐ zǎo fàn chī shén me
你早饭吃什么？

wǒ chī miàn bāo　jī dàn　hē niú nǎi huò zhě guǒ zhī
我吃面包、鸡蛋，喝牛奶或者果汁。

wǔ fàn ne
午饭呢？

wǒ yì bān chī kuài cān　bǐ rú rè gǒu　sān míng zhì　bǐ
我一般吃快餐，比如热狗、三明治、比
sà bǐng　wǒ yǒu shí hou yě chī zhōng cān　bǐ rú miàn tiáo
萨饼。我有时候也吃中餐，比如面条、
chǎo fàn　hé fàn　wǒ jīng cháng hē kě lè hé guǒ zhī
炒饭、盒饭。我经常喝可乐和果汁。

nǐ men jiā wǎn fàn chī shén me
你们家晚饭吃什么？

zhōng cān　xī cān　wǒ men dōu chī
中餐、西餐，我们都吃。

nǐ xǐ huan chī zhōng cān hái shi xī cān
你喜欢吃中餐还是西餐？

zhōng cān　xī cān　wǒ dōu xǐ huan chī
中餐、西餐，我都喜欢吃。

nǐ huì zuò fàn ma
你会做饭吗？

wǒ bú huì　dàn shì wǒ xiǎng xué　wài pó　nín jiāo wǒ zuò chǎomiàn ba
我不会，但是我想学。外婆，您教我做炒面吧！

29

教学建议

- 课文重点培养学生的口语交际能力。
- 听录音跟读后，可以让学生两两一组做对话练习。
- 建议老师结合课文请学生说一说自己午饭和晚饭的情况，会不会做饭等。

教学建议

- 建议老师先和学生一起讨论一下"你可以用"里的食物和所属种类。
- 请学生两人一组编练对话，然后再向全班展示，老师给出评价或学生互评。

4 角色扮演

Fill in what you eat and drink for your three meals in a day. Complete the conversation below.

例子：

周冰：你每天都吃早饭吗？

你：对，我每天都吃。你呢？

周冰：我也每天都吃早饭。我早饭吃面包、鸡蛋，喝牛奶或者果汁。你早饭吃什么？

你：我早饭吃……

周冰：你午饭吃什么？

……

你可以用

a) 粥 zhōu porridge; congee
b) 包子 bāo zi steamed stuffed bun
c) 酸奶 suān nǎi yoghurt
d) 米饭 mǐ fàn cooked rice
e) 汤 tāng soup
f) 牛排 niú pái beef steak
g) 炒菜 chǎo cài stir-fried dish
h) 蒸鱼 zhēng yú steamed fish
i) 土豆 tǔ dòu potato
j) 胡萝卜 hú luó bo carrot

周冰的一日三餐	你的一日三餐
早饭：面包、鸡蛋、牛奶／果汁	早饭：
午饭：快餐（热狗／三明治／比萨饼） 中餐（面条／炒饭／盒饭）	午饭：
晚饭：中餐／西餐	晚饭：

生词 2

11

❶ suān 酸 sour　suān nǎi 酸奶 yoghurt　❷ cháng cháng 常常 often

❸ zhū 猪(豬) pig　❹ ròu 肉 meat　zhū ròu 猪肉 pork　niú ròu 牛肉 beef

❺ zuì 最 most　wǒ zuì xǐ huan chī ròu 我最喜欢吃肉。

❻ pái 排 ribs　zhū pái 猪排 pork chop　wǒ zhōng wǔ jīng cháng chī zhū pái fàn hé niú ròu fàn 我中午经常吃猪排饭和牛肉饭。

❼ mǐ 米 rice　mǐ fàn 米饭 cooked rice

❽ cài 菜 dish　chǎo cài 炒菜 stir-fried dish

❾ zhēng 蒸 steam　❿ yú 鱼(魚) fish

⓫ tāng 汤(湯) soup　wǒ men chī mǐ fàn、chǎo cài、zhēng yú, hái hē tāng 我们吃米饭、炒菜、蒸鱼，还喝汤。

⓬ zhōu 粥 porridge; congee　⓭ bāo zi 包子 steamed stuffed bun

zhōu mò, wǒ men jiā zǎo fàn yì bān hē zhōu, chī bāo zi 周末，我们家早饭一般喝粥，吃包子。

⓮ zǒng 总(總) always　zǒng shì 总是 always　zhōng wǔ wǒ men zǒng shì qù yì jiā shàng hǎi fàn diàn chī fàn 中午我们总是去一家上海饭店吃饭。

⓯ fàn cài 饭菜 meal

⓰ hǎo chī 好吃 delicious　tā men zuò de fàn cài hěn hǎo chī 他们做的饭菜很好吃。

Grammar: **Pattern: (Noun + Verb) + 的 + Noun**

⓱ nà li 那里 there

⓲ lóng 笼(籠) steamer　xiǎo lóng bāo 小笼包 small steamed meat dumplings　nà li de xiǎo lóng bāo zuì hǎo chī 那里的小笼包最好吃。

生词教学

- **常常**：表示事情发生的次数很多，和“经常”相似。
- **最**：一般用在形容词前面，表示经比较后超过其他同类事物。
- **总是**：表示“没有例外的，一直是”，口语中可以只说“总”。
- 可以总结一下表示频率的词语，如“常常、经常、总是、有时候”。
- 可以总结复习一下和食物、烹饪有关的词语，如“蒸鱼、炒菜”等。
- 可以利用词语卡片、PPT 等方式练习生词。

教学建议

- 建议老师通过情景设置和提问的方式帮助学生掌握几个频率副词的差异，如“我们每天上课都读课文，也可以说我们总是上课读课文。”
- 可以把班上学生分成两组，通过抢答比赛的方式完成练习。老师可以在学生描述完一张图片以后请班上其他学生分享一下自己在食用这种食物方面的情况。

5 用所给结构看图说话 见参考答案

结构：我们总是去一家上海饭店吃晚饭。　我午饭一般吃快餐。

我们家晚饭常常／经常吃中餐。　我早饭有时候吃包子。

① 
常常
炒菜
蒸鱼

⑤ 
一般
面包
鸡蛋

② 
一般
粥
包子

⑥ 
有时候
中餐
西餐

③ 
有时候
炒面
猪排饭

⑦ 
我们家
经常
汤

④ 
有时候
汽水
果汁

⑧ 

姐姐
总是
酸奶

32

第 5 题　参考答案

1. 我们家午饭常常吃炒菜和蒸鱼。
2. 我早饭一般吃包子，喝粥。
3. 我午饭有时候吃炒面和猪排饭。
4. 我们午饭有时候喝汽水和果汁。
5. 我们家早饭一般吃面包和鸡蛋。
6. 我们家晚饭有时候吃中餐和西餐。
7. 我们家午饭经常喝汤。
8. 姐姐总是在吃完晚饭后喝酸奶。

6 模仿例子，看图说话 见参考答案

例子：

我很喜欢吃小笼包。上海饭店的小笼包最好吃。

你可以用

a) 最喜欢　d) 不太喜欢
b) 很喜欢　e) 不喜欢
c) 喜欢　f) 最不喜欢

① 

② 

③ 

④ 

⑤ 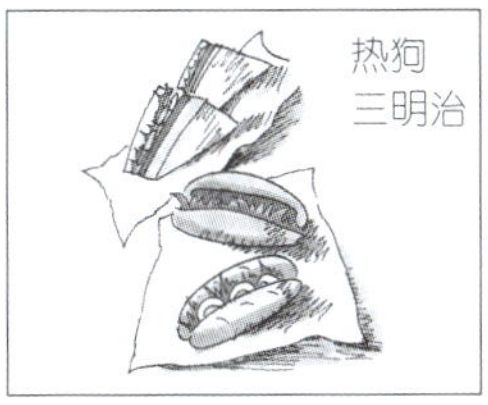

⑥ 

教学建议

- 建议老师先引导学生看图讨论对这些食物的喜好，说一说是否有推荐的用餐地点。老师可以在黑板上做记录，补充表达词汇。
- 建议老师将练习设计成“我是小小美食家”的活动，让学生扮演美食家，选择一种自己喜欢的食物向其他同学推荐。
- 可以让学生先上网查一查这几种食物在当地餐厅的情况。

7 听课文录音，回答问题

1) 他喜欢吃中餐还是西餐？
中餐、西餐，他都喜欢。
2) 他早饭吃什么？喝什么？
吃面包、鸡蛋，喝酸奶、果汁。
3) 他在哪儿吃午饭？
在学校。
4) 他喜欢吃什么肉？
猪肉、牛肉。
5) 他们家晚饭吃中餐还是西餐？
中餐。
6) 周末，他们家早饭一般吃什么？
喝粥，吃包子。
7) 周末，他们家一般去哪儿吃午饭？
一家上海饭店。
8) 周末，他们家一般在哪儿吃晚饭？
在家。

教学建议

- 可以利用听力练习导入课文。
- 提醒学生边听课文边通过画图的方式做笔记。
- 学生回答听力问题时，老师可以就课文内容做适量补充，完成课文的展示、串讲。

第 6 题　参考答案

1. 我很喜欢吃猪肉。上海饭店的猪肉很好吃。
2. 我不太喜欢吃蒸鱼。妈妈做的蒸鱼不好吃。
3. 我最喜欢吃西餐。外婆做的西餐最好吃。
4. 我很喜欢喝粥，吃包子。爸爸做的粥和包子很好吃。
5. 我不太喜欢吃热狗和三明治。上海饭店的热狗和三明治不太好吃。
6. 我很喜欢喝汤。妈妈做的汤最好喝。

教学建议

- 课文重点培养学生的书面语交际能力。
- 可以在讲解完课文后，让学生填写去掉了重点词语和核心语言点的课文，做完型填空。可以提供不同难度的完型填空让学生根据自己的水平自行选择。
- 可以让学生仿照课文第二段描述一下自己的一日三餐和饮食喜好。

课文 2

12

wǒ xǐ huan chī zhōng cān yě xǐ huan chī xī cān
我喜欢吃中餐，也喜欢吃西餐。

wǒ zǎo fàn yì bān chī miàn bāo jī dàn hē suān nǎi guǒ zhī wǒ wǔ fàn zài xué xiào
我早饭一般吃面包、鸡蛋，喝酸奶、果汁。我午饭在学校
chī wǒ chángcháng chī hé fàn hē kě lè wǒ zuì xǐ huan chī ròu zhū ròu niú ròu wǒ
吃。我常常吃盒饭，喝可乐。我最喜欢吃肉。猪肉、牛肉，我
dōu xǐ huan chī wǒ zhōng wǔ jīng cháng chī zhū pái fàn hé niú ròu fàn wǒ men jiā wǎn fàn chángcháng chī
都喜欢吃。我中午经常吃猪排饭和牛肉饭。我们家晚饭常常吃
zhōng cān wǒ men chī mǐ fàn chǎo cài zhēng yú hái hē tāng wǒ bú tài xǐ huan hē tāng
中餐。我们吃米饭、炒菜、蒸鱼，还喝汤。我不太喜欢喝汤。

zhōu mò wǒ men jiā zǎo fàn yì bān hē zhōu chī bāo zi zhōng wǔ wǒ men zǒng shì qù
周末，我们家早饭一般喝粥，吃包子。中午我们总是去
yì jiā shàng hǎi fàn diàn chī fàn tā men zuò de fàn cài hěn hǎo chī nà li de xiǎo lóng bāo zuì hǎo
一家上海饭店吃饭。他们做的饭菜很好吃。那里的小笼包最好
chī wǎn fàn wǒ men yì bān zài jiā chī
吃。晚饭我们一般在家吃。

8 角色扮演

Fill in the food and drinks you like/dislike. Complete the conversation below.

例子：

你：你喜欢吃肉吗？

高英：我很喜欢吃肉。猪肉、牛肉，我都喜欢吃。我午饭常常吃猪排饭和牛肉饭。你喜欢吃肉吗？

你：……。你不喜欢吃什么？

高英：我不太喜欢吃鸡蛋。你呢？

你：……。你喜欢喝什么？

高英：我喜欢喝可乐和果汁。你呢？

……

你可以用

a) shòu sī 寿司 sushi
b) chūnjuǎn 春卷 spring roll
c) jiǎo zi 饺子 dumpling
d) chá 茶 tea
e) kā fēi 咖啡 coffee
f) jī tāng 鸡汤 chicken soup
g) táng cù pái gǔ 糖醋排骨 sweet and sour spareribs
h) hóngshāo ròu 红烧肉 pork braised in soy sauce
i) shēng jiān bāo 生煎包 pan-fried stuffed buns

高英	你
喜欢吃：猪肉、牛肉 猪排饭、牛肉饭	喜欢吃：
不喜欢吃：鸡蛋	不喜欢吃：
喜欢喝：可乐、果汁	喜欢喝：
不喜欢喝：牛奶	不喜欢喝：
周末吃：中餐、西餐	周末吃：

教学建议

- 建议老师先和学生一起熟悉一下“你可以用”里的词语，并根据班上学生的情况补充词汇，为对话做好准备。
- 建议先请学生独立完成表格，并和同伴交流自己和高英在饮食习惯上的差别。
- 请学生两两一组完成角色扮演，老师巡视并给予必要的指导。

9 用所给问题编对话

1) 你喜欢吃什么？喜欢喝什么？

2) 你喜欢吃中餐还是西餐？

3) 你喜欢吃快餐吗？喜欢吃什么快餐？

4) 你每天都吃早饭吗？你今天吃早饭了吗？吃了什么？

5) 你午饭一般吃什么？喝什么？

6) 你们家晚饭一般吃什么？你们家一般谁做晚饭？他/她做的哪个菜最好吃？

7) 周末，你们一家人经常去饭店吃饭吗？常去哪家饭店？你们一般去那里吃什么？他们做的饭菜好吃吗？

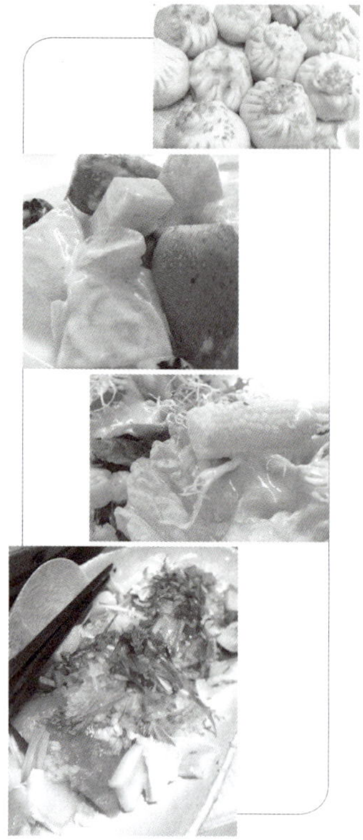

教学建议

- 建议老师先给学生准备时间思考每一个问题，然后选出三个自己最愿意了解和最愿意分享的问题。
- 请学生四个人一组互相提问和分享，并记录自己最愿意了解的问题的回答。分组讨论结束后向全班汇报调查结果。如果在讨论中没有被问到自己想要分享的问题，就要主动分享。老师巡视练习情况并给予必要的指导。

10 翻译 见参考答案

1) 他们做的菜很好吃。

2) 她穿的裙子不好看。

3) 他开的车很大。

4) 她画的画儿很好看。

5) 他参加的课外活动不多。

6) 他们家住的房子不太大。

7) 他看的书是英文书。

8) 她听的音乐是古典音乐。

好看：nice　古典：classical

教学建议

- 建议老师通过范例帮助学生理解"A 的 B"所表达的意义，让学生从翻译该结构入手，如"他们做的饭——the food they cooked"等。
- 练习时可以让每个学生准备一张纸，写上名字，随机选择一个句子写出自己的翻译，然后传给左手边的同学继续按顺序写出第二句话的翻译，直到所有句子的翻译都在一张纸上完成。
- 老师请学生自愿分享自己的翻译纸并给出修改意见和评价。

第 10 题　参考答案

1. The meal that they cook is very delicious.
2. The dress that she wears is not nice.
3. The car that he drives is very big.
4. The picture that she paints is very nice.
5. The extra-curricular activities that he attends are not many.
6. The house that they live is not big.
7. The books that he reads are in English.
8. The music that she listens to is classical.

11 口头报告

Introduce what you and your family members normally eat for three meals in a day as well as over the weekend.

例子：

我们家早饭一般喝粥，吃包子和鸡蛋。我午饭在学校吃。我一般吃快餐，比如热狗、比萨饼。我爸爸午饭一般吃盒饭。他喜欢吃牛肉饭和猪排饭。我妈妈午饭总是吃三明治。我们家晚饭一般吃中餐。我妈妈常常做米饭、炒菜、蒸鱼和汤。她做的蒸鱼最好吃。

周末，我们常常去饭店吃饭。我们经常去一家香港饭店。他们做的炒饭很好吃。

我不会做饭，但是我想学做炒面。我最喜欢吃炒面！

教学建议

- 可以把这次活动设计成“你了解我吗”，让学生在课下准备口头报告的录音，提交给老师。
- 老师播放录音（最好用“Tom 猫”一类软件处理音色），请学生判断这是班上哪个学生的一日三餐，并说明理由。

第四课　我秋天去北京

教学目标

1. 理解和使用时量补语、多种成分作谓语。
2. 回答和询问和某地天气有关的问题。
3. 用中文播报某个城市未来一天的天气情况。
4. 介绍某个城市一年四季的天气情况，包括气温、体感情况等。
5. 初步了解中国几个著名旅游城市的天气情况，如北京、上海、西安、昆明等，讨论一下这些地方适合出游的季节。

教学重点

1. 生词重点：怎么样、左右、以上 / 以下、那么、之间、可能
2. 短语重点：怎么样、十五度左右、三十度以下、刮风、下雨、天气预报、最高温度
3. 语言点重点：时量补语、多种成分作谓语
4. 交际重点：谈论某个城市的天气情况，用中文播报一些城市未来一天的天气情况。

教学提示

1. **时量补语**

用来补充说明动作持续的时间。

结构： 动词 + 了 + 时量短语

示例： 他在上海学习了半年。

我们在西安住了三年。

注意： 动词所表示的动作一般已经完成或结束。

2. **多种成分作谓语**

形容词、名词、“是”、动词都可以充当句子的谓语。

结构： 主语 + 形容词性谓语

主语 + 名词性谓语

主语 + 是 + 名词

主语 + 动词性谓语

示例： 昨天很热。

今天晴天。

昨天是晴天。

今天下雨。

注意： 汉语中很多成分可以充当句子的谓语，其中单音节形容词作谓语时一般要在形容词前加程度副词作状语。

教学流程

1. 建议老师用彭野新儿歌《新四季歌》或者自己家乡一年四季的照片来导入本课。
2. 建议学习生词 1、语言点 1、2，完成练习 1、2，然后听课文 1 回答问题，再让学生根据课文内容介绍北京的气候特点。
3. 建议先给学生看一看中国的天气预报片段，结合天气预报学习生词 2，完成练习 5，再听课文，回答问题，然后仿照课文用中文预报自己国家几个主要城市的天气情况，最后完成编对话和口头报告等练习。
4. 建议文化部分可以结合课本内容和老师补充的介绍，再请学生上网调查，共同完成一份中国气候地图。

第四课　我秋天去北京

生词教学

- 怎么样：表疑问时，用来询问事物的状况。
- 左右：表示估计时间、年龄、距离、重量等，一般用在数量词后面。
- 以上 / 以下：表示在某个数量的上面或下面，常用于“在＋数量短语＋以上 / 以下”。
- 那么：表示根据前面所说的情况应该产生的结论或疑问，一般用在后面句子的开头。
- 可以总结一下特殊疑问词，如“谁、什么、为什么、怎么样”等。
- 可以利用词语卡片、PPT 等方式练习生词。

生词 1 (13)

1. 去年 (qù nián) last year　你去年在北京住了一年。(nǐ qù nián zài běi jīng zhù le yì nián)

   Grammar: a) “一年” serves as the complement of quantity (duration).
   b) Pattern: Verb + Complement of Quantity (Duration)

2. 明年 (míng nián) next year
3. 季 (jì) season
4. 节（節）(jié) section　季节 (jì jié) season
5. 天 (tiān) season; weather
6. 春 (chūn) spring　春天 (chūn tiān) spring
7. 夏 (xià) summer　夏天 (xià tiān) summer
8. 秋 (qiū) autumn　秋天 (qiū tiān) autumn
9. 冬 (dōng) winter　冬天 (dōng tiān) winter
10. 气（氣）(qì) weather; air　天气 (tiān qì) weather
11. 怎么样 (zěn me yàng) how　北京的冬天天气怎么样？(běi jīng de dōng tiān tiān qì zěn me yàng)
12. 温 (wēn) temperature　气温 (qì wēn) air temperature
13. 度 (dù) degree　零度 (líng dù) zero degree
14. 左右 (zuǒ yòu) around　气温在十五度左右。(qì wēn zài shí wǔ dù zuǒ yòu)
15. 以上 (yǐ shàng) above　气温常常在三十度以上。(qì wēn cháng cháng zài sān shí dù yǐ shàng)
16. 以下 (yǐ xià) below　气温经常在零度以下。(qì wēn jīng cháng zài líng dù yǐ xià)
17. 冷 (lěng) cold
18. 刮（颳）(guā) blow (of wind)
19. 风（風）(fēng) wind　刮风 (guā fēng) wind blows　北京的春天常常刮风。(běi jīng de chūn tiān cháng cháng guā fēng)
20. 下 (xià) fall
21. 雨 (yǔ) rain　下雨 (xià yǔ) rain
22. 雪 (xuě) snow　下雪 (xià xuě) snow
23. 晴 (qíng) fine　晴天 (qíng tiān) fine day　北京的秋天常常是晴天。(běi jīng de qiū tiān cháng cháng shì qíng tiān)
24. 那 (nà) then　那我明年秋天去北京吧！(nà wǒ míng nián qiū tiān qù běi jīng ba)

   那么 (nà me) then　那么，北京的冬天天气怎么样？(nà me, běi jīng de dōng tiān tiān qì zěn me yàng)

38

1 用所给结构编对话 见参考答案

结构：I. 今天很冷。
　　　　今天不太热。（adjective）

　　II. 今天晴天。（noun）

　　III. 今天是晴天。（noun）

　　IV. 今天有雨。（noun）
　　　　今天有雪。

　　V. 北京的春天常常刮风。（verb）
　　　　北京的夏天不常下雨。
　　　　北京的冬天有时候下雪。

例子：

A: 今天天气怎么样？

B: 今天是晴天，气温在二十八度左右。

A: 明天天气怎么样？

B: 明天会下雨。

A: 明天多少度？

B: 二十二度到二十五度。

①

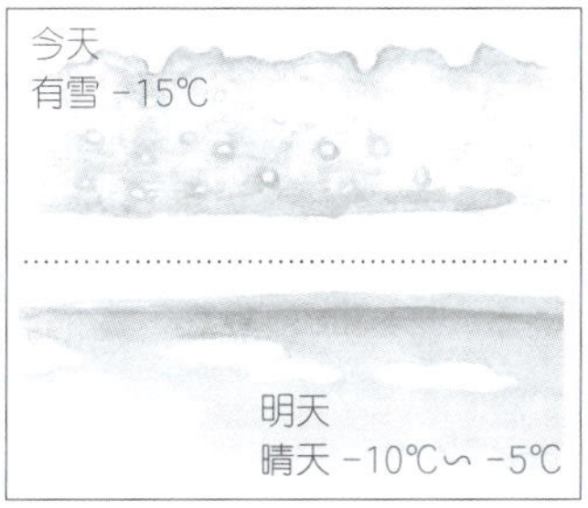

②

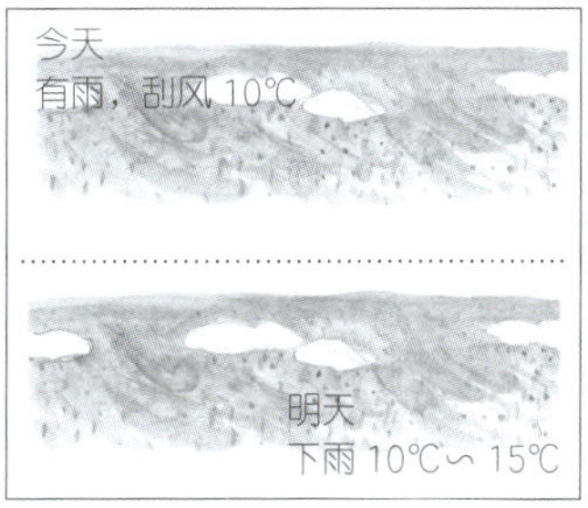

③

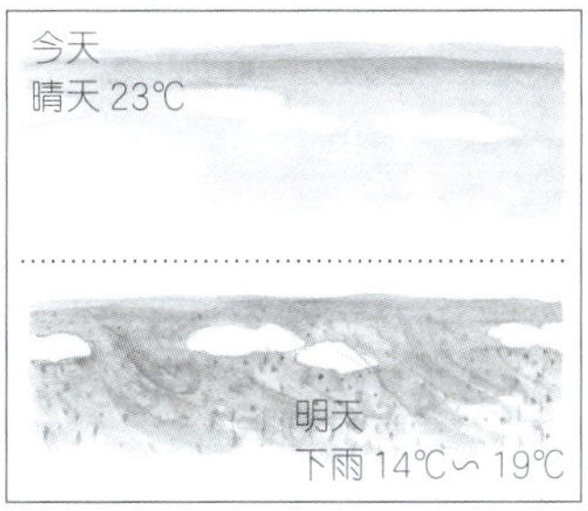

④

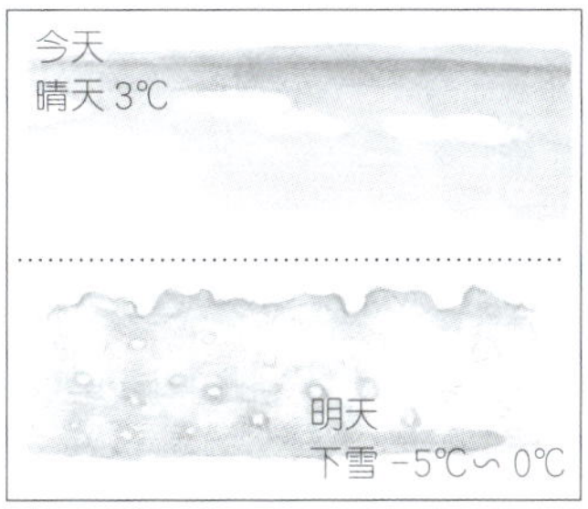

教学建议

- 建议老师先给出四类谓语句子，然后通过比赛的方式让学生把可以描述天气或气候的词语罗列在相应的句子下面。
- 建议让学生围成大小圈，每个人分到一张有天气信息的图片，规定时间里，里圈的学生负责提问和记录，外圈的学生根据分到的图片回答问题，问完以后，两人互换位置，继续练习。老师统计哪组搭档完成得又快又好。

第 1 题　参考答案

1. A: 今天天气怎么样？
   B: 今天有雪，气温在零下十五度左右。
   A: 明天天气怎么样？
   B: 明天是晴天。
   A: 明天多少度？
   B: 零下十度到零下五度。
2. A: 今天天气怎么样？
   B: 今天有雨，刮风。气温在十度左右。
   A: 明天天气怎么样？
   B: 明天会下雨。
   A: 明天多少度？
   B: 十度到十五度。
3. A: 今天天气怎么样？
   B: 今天晴天，气温在二十三度左右。
   A: 明天天气怎么样？
   B: 明天会下雨。
   A: 明天多少度？
   B: 十四度到十九度。
4. A: 今天天气怎么样？
   B: 今天晴天，气温在三度左右。
   A: 明天天气怎么样？
   B: 明天会下雪。
   A: 明天多少度？
   B: 零下五度到零度。

教学建议

- 建议老师通过提问或者列出起止时间的方式展示某个动作持续的时间段，引出时量补语的结构。
- 建议做完课本练习以后，让学生分享一下自己曾经住过的地方和居住的时长，最后可以为自己做一个“某某某的时间简表”。

2 用所给结构看图说话

结构：我在北京住了一年。

① 

上海　工作　一年

爸爸在上海工作了一年。

④ 

北京　住　十年

她在北京住了十年。

② 

香港　住　三十年

他在香港住了三十年。

⑤ 

tái běi
台北　工作　半年

妈妈在台北工作了半年。

③ 

广州　工作　两年

他在广州工作了两年。

⑥ 

dà lián
大连　工作　五年

他爸爸在大连工作了五年。

教学建议

- 可以利用听力练习作为课文导入，确认学生理解了每个问题。
- 提醒学生边听课文边做适量笔记。

3 听课文录音，回答问题

1) 李海在北京住了几年？
一年。

2) 北京的春天冷不冷？
挺冷的。

3) 北京的春天一般多少度？
十五度左右。

4) 北京的夏天热不热？
很热。

5) 北京的夏天常常下雨吗？
不常下雨。

6) 北京的冬天冷不冷？
很冷。

7) 北京的冬天常常下雪吗？
有时候下雪。

8) 哪个季节去北京最好？为什么？
秋天去北京最好。因为秋天不冷也不热，常常是晴天。

课文 1 14

lǐ hǎi nǐ qù nián zài běi jīng zhù le yì nián nǎ ge
李海，你去年在北京住了一年。哪个
jì jié qù běi jīng zuì hǎo
季节去北京最好？

běi jīng de chūn tiān tǐng lěng de chángcháng guā fēng qì wēn zài shí wǔ
北京的春天挺冷的，常常刮风，气温在十五
dù zuǒ yòu běi jīng de xià tiān hěn rè bù cháng xià yǔ qì wēn
度左右。北京的夏天很热，不常下雨，气温
chángcháng zài sān shí dù yǐ shàng
常常在三十度以上。

nà me běi jīng de dōng tiān tiān qì zěn me yàng
那么，北京的冬天天气怎么样？

běi jīng de dōng tiān hěn lěng yǒu shí hou hái xià xuě qì wēn jīng cháng
北京的冬天很冷，有时候还下雪，气温经常
zài líng dù yǐ xià yǒu shí hou huì dào líng xià shí dù
在零度以下，有时候会到零下十度。

běi jīng de qiū tiān ne
北京的秋天呢？

běi jīng de qiū tiān tiān qì zuì hǎo bù lěng yě bú rè chángcháng shì qíng tiān
北京的秋天天气最好，不冷也不热，常常是晴天。

yì bān duō shao dù
一般多少度？

shí qī dù dào èr shí wǔ dù
十七度到二十五度。

nà wǒ míng nián qiū tiān qù běi jīng ba
那我明年秋天去北京吧！

41

教学建议

- 课文重点培养学生的口语交际能力。
- 听录音跟读后，可以让学生两两一组进行对话练习。
- 建议让学生根据课文内容介绍北京的气候情况。

教学建议

- 建议先让学生讨论一下每幅图的内容，鼓励学生用不同的谓语句描述图片中的天气情况。
- 请学生两人一组编练对话，然后再向全班展示，老师给出评价或学生互评。

4 角色扮演

Suppose your friend Huang Xing（黄兴）has been attending an international school in Shanghai for a year. Make a conversation with him about the weather in Shanghai in each of the four seasons.

例子：

你：上海的春天天气怎么样？

黄兴：上海的春天常常下雨。

你：春天一般多少度？

黄兴：十五度左右，不太冷。

你：上海的夏天天气怎么样？

……

你：你最喜欢哪个季节？

……

生词 2 15

1. 预（預）yù in advance
2. 报（報）bào report　预报 yù bào forecast　天气预报 tiān qì yù bào weather forecast
3. 雾（霧）wù fog　明天早上有雾。míng tiān zǎo shang yǒu wù
4. 云（雲）yún cloud　多云 duō yún cloudy　北京今天多云。běi jīng jīn tiān duō yún
5. 转（轉）zhuǎn turn　明天下午多云转晴。míng tiān xià wǔ duō yún zhuǎn qíng
6. 阴（陰）yīn overcast　阴天 yīn tiān overcast day　上海今天阴天。shàng hǎi jīn tiān yīn tiān
7. 阵（陣）zhèn a period of time　阵雨 zhèn yǔ shower　上海今天有阵雨。shàng hǎi jīn tiān yǒu zhèn yǔ
8. 之 zhī of　之间 zhī jiān between　上海今天气温在二十六度到三十二度之间。shàng hǎi jīn tiān qì wēn zài èr shí liù dù dào sān shí èr dù zhī jiān
9. 可能 kě néng possible
10. 台（颱）风 tái fēng typhoon　明天可能有台风。míng tiān kě néng yǒu tái fēng
11. 西安 xī ān Xi'an
12. 白天 bái tiān daytime
13. 夜 yè night
14. 间 jiān during　夜间 yè jiān at night
15. 小雪 xiǎo xuě light snow
16. 低 dī low　西安今天最高气温五度，最低气温零下四度。xī ān jīn tiān zuì gāo qì wēn wǔ dù, zuì dī qì wēn líng xià sì dù
17. 后天 hòu tiān the day after tomorrow
18. 小雨 xiǎo yǔ drizzle
19. 雷 léi thunder　雷雨 léi yǔ thunderstorm　明天白天有雷雨。míng tiān bái tiān yǒu léi yǔ

生词教学

- **之间**：在本课主要用于表示在两个数量的中间，可用于结构“在＋数量词$_1$＋到＋数量词$_2$＋之间”。
- **可能**：可以用在主语的前面或后面，表示估计。
- 可以总结一下天气预报里的常用短语，如“多云转晴、夜间有小雨”等。
- 可以利用词语卡片、PPT等方式练习生词。

教学建议

- 建议老师再给学生播放一下天气预报的视频或广播，让学生先模仿，再结合课本上的信息练习播报。
- 鼓励学生用“你可以用”里的句子。
- 建议完成课本练习后，让学生制作自己熟悉的城市的天气信息卡，互相交换，播报卡片上的天气信息。

5 模仿例子，看图说话 见参考答案

上海
今天：小雨　明天：有雾

你可以用

a) 北京明天有阵雨。
b) 香港今天晴天。
c) 西安明天白天多云。
d) 后天可能有台风。
e) 广州明天最高气温三十五度，最低气温二十七度。

例子：上海今天有小雨，明天可能有雾。

① huángshān 黄山
明天白天：阴天　明天夜间：大雪

② dà lǐ 大理
今天白天：多云　今天夜间：有风

③ ào mén 澳门
今天：多云 29℃～33℃　明天：台风

④ fènghuáng 凤凰
明天：晴　后天：雷雨

第 5 题　参考答案

1. 黄山明天白天阴天，夜间有大雪。
2. 大理今天白天多云，夜间有风。
3. 澳门今天多云，气温在二十九度到三十三度之间。明天有台风。
4. 凤凰明天晴天，后天有雷雨。

6 模仿例子，用所给词语写句子 见参考答案

你可以用

a) 昨天　今天　明天　后天
b) 去年　今年　明年　后年

A. Actions that happened in the past

早饭
吃包子

例子：

我今天早饭吃了包子。

1) 午饭　吃盒饭

2) 我们一家人　去上海饭店

3) 我们　上汉语课

B. Actions that will happen in the future

西安
小雪

例子：

西安明天可能有小雪。

1) 广州　雷雨

2) 香港　台风

3) 叔叔　出差

7 听课文录音，回答问题

1) 北京今天多少度？
二十度左右。
2) 北京明天天气怎么样？
早上有雾，下午多云转晴。
3) 上海今天有雨吗？
有阵雨。
4) 上海明天天气怎么样？
可能有台风。
5) 西安今天什么时候会下雪？
夜间有小雪。
6) 西安今天最低气温多少度？
零下四度。
7) 香港今天最高气温多少度？
三十三度。
8) 香港明天天气怎么样？
明天白天有雷雨。

教学建议

- 建议老师先通过公式、例句等帮助学生复习"了"表示动作完成的用法，再练习"可能"表示估计的用法，然后完成课本练习。
- 建议通过比赛抢答的方式完成练习。

教学建议

- 可以利用听力练习导入课文。
- 提醒学生边听课文边参考练习 8 的图片做笔记。
- 学生回答听力问题时，老师可以就课文内容做适量补充，完成课文的展示、串讲。

第 6 题　参考答案

A: 1. 我今天午饭吃了盒饭。
2. 我们一家人昨天去了上海饭店吃晚饭。
3. 我们昨天上了汉语课。

B: 1. 广州后天可能有雷雨。
2. 香港明天有台风。
3. 叔叔明天去北京出差。

教学建议

- 课文重点培养学生的书面语交际能力。
- 可以在讲解完课文后，让学生填写去掉了重点词语和核心语言点的课文，做完型填空。可以提供不同难度的完型填空让学生根据自己的水平自行选择。
- 建议让学生仿照课文介绍自己所在城市未来三天的天气情况。

课文 2 16

tiān qì yù bào
天气预报

běi jīng jīn tiān duō yún, qì wēn zài èr shí dù zuǒ yòu
北京今天多云，气温在二十度左右。
míng tiān zǎo shang yǒu wù, xià wǔ duō yún zhuǎn qíng
明天早上有雾，下午多云转晴。

shàng hǎi jīn tiān yīn tiān, yǒu zhèn yǔ, qì wēn zài èr shí liù dù dào sān shí èr dù zhī jiān. míng tiān kě néng yǒu tái fēng
上海今天阴天，有阵雨，气温在二十六度到三十二度之间。明天可能有台风。

xī ān jīn tiān bái tiān duō yún, yè jiān yǒu xiǎo xuě, zuì gāo qì wēn wǔ dù, zuì dī qì wēn líng xià sì dù. míng tiān qíng tiān. hòu tiān kě néng yǒu dà xuě
西安今天白天多云，夜间有小雪，最高气温五度，最低气温零下四度。明天晴天。后天可能有大雪。

xiāng gǎng jīn tiān yǒu xiǎo yǔ, zuì gāo qì wēn sān shí sān dù, zuì dī qì wēn èr shí bā dù. míng tiān bái tiān yǒu léi yǔ
香港今天有小雨，最高气温三十三度，最低气温二十八度。明天白天有雷雨。

8 用所给结构编对话 见参考答案

结构：

I. 今天很冷。
adjective
今天不太热。

II. 今天（是）晴天。
noun
今天（是）阴天。

III. 今天有台风。
noun
今天有阵雨。
今天有雷雨。
今天有小雨。
今天有小雪。
今天有雾。

北京

例子：

A: 北京今天天气怎么样？
B: 北京今天白天阴天，夜间有小雨。
A: 今天多少度？
B: 一度到五度之间。
A: 明天天气怎么样？
B: 明天白天多云，夜间有小雪。
A: 明天多少度？
B: 零下一度左右。

上海

教学建议

- 建议练习前先通过接龙的方式对三种谓语句再次强化，学生要用不同的城市来提问“某某地今天天气怎么样？”，回答的学生用已学的天气类词汇自由发挥，但是不能使用和前一个同学一样的句型，回答完以后向下一个同学提问。
- 建议老师提供或者给学生一点时间，让学生上网查一下明天几个城市的天气预报，写下主要信息，用抽签的方式分给大家，让学生两两一组根据抽到的卡片编对话，老师巡视并给予必要的指导。

第 8 题　参考答案

A: 上海今天天气怎么样？
B: 上海今天白天多云，夜间多云转阴。
A: 今天多少度？
B: 二十五度到三十二度之间。

A: 明天天气怎么样？
B: 明天白天有大雨，夜间有台风。
A: 明天多少度？
B: 二十六度到三十度之间。

教学建议

- 建议老师先和学生讨论一下自己对不同天气的喜好，以及在不同的天气里喜欢做的事情，兼带复习一下学过的和休闲娱乐有关的词语。
- 请学生选择一幅图片两两一组编练对话，鼓励学生使用或参考“你可以用”中的句型。

9 模仿例子，编对话

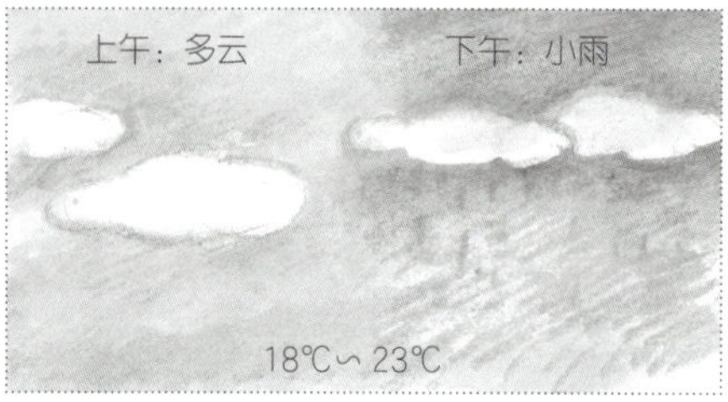

例子：

A: 今天天气很好，不冷也不热。

B: 今天多少度？

A: 十八度到二十三度之间。

B: 今天有雨吗？

A: 下午可能有小雨。

B: 我们上午去游泳吧！

A: 好。我们去哪儿游泳？

……

你可以用

a) 今天天气很好。
b) 今天不太热。
c) 今天不冷也不热。
d) 今天有雨吗？
e) 今天有雷雨。
f) 今天下午多云转阴。
g) 我们去滑冰吧！
h) 我们去哪儿踢足球？
i) 我们可以去学校的游泳池游泳。
j) 我们什么时候去打网球？
k) 下午三点半，行吗？
l) 好。一会儿见！

①

②

10 口头报告

Choose a city in China. Search on the Internet and describe the weather of each season in that city.

例子：

杭州一年有四个季节：春天、夏天、秋天和冬天。

杭州的春天常常下雨，气温在二十度到二十五度之间。杭州的夏天很热，白天的气温在三十五度左右，夜间的气温在三十度左右。杭州的秋天天气很好，不冷也不热，常常是晴天。杭州的冬天很冷，最低气温在零度左右。

hángzhōu
杭州

fènghuáng
凤凰

北京

guì lín
桂林

教学建议

- 建议老师提前准备一个大号的中国地图，标注上可供学生选择的中国著名旅游城市。
- 请学生选择自己想去旅行的城市，根据选择对学生进行分组，然后小组成员上网查询有关资料，完成一份该城市的天气介绍报告。建议老师板书几个要求使用的表达方式，如频率副词、“在……之间”“左右”、多种谓语句等。
- 分享小组天气报告，然后全班共同完成一份中国主要旅游城市天气情况报告地图。

第五课 我生病了

教学目标

1. 理解和使用“给”“……的时候”“是……的”、单音节形容词“多 / 少”+ 动词、时量补语、“虽然……，但是……”。
2. 回答和询问医生和看病有关的问题。
3. 介绍一次看病的经历。
4. 写关于看病的日记，包括病症、医生的诊治过程和医嘱以及治疗结果等。
5. 初步了解在中国医院看病的一般流程，就文化差异显著的“预约、挂号、拿药”等方面加以讨论。

教学重点

1. 生词重点：看病、觉得、开药、一下、叫、让
2. 短语重点：量体温、不舒服、多休息、嗓子疼、拉肚子、开病假条
3. 语言点重点：“给”、“……的时候”、“是……的”、单音节形容词“多 / 少”+ 动词
4. 交际重点：回答和询问医生有关看病的问题，记录一次自己看病的经历。

教学提示

1. 给

用来引入动作的对象。

结构： 主语 + 给 + 宾语 + 动词 / 动词短语

示例： 护士给我量体温。

医生给我开了一些药。

2. ……的时候

用来表示某一段时间或时间点。

结构： 定语 + 的时候 + 其他

示例： 生病的时候我喝了很多水。

吃饭的时候我喜欢看电视。

注意： “的时候”可以替换成“时”。

定语一般是动词性词语。

3. 是……的

用于强调说明时间、地点、行为方式、目的等某一方面的信息。

结构： 主语 + 是 + 时间 / 地点 / 行为方式 / 目的 + 动词短语 + 的

示例： 他是昨天到学校的。

我是在中国出生的。

他是走路去上班的。

姐姐是去医院看病的。

注意：“是……的”所说明的是已发生事件的某一方面的情况。

4. 单音节形容词“多 / 少”+ 动词

用来表示数量的增加或减少。

结构： 多 / 少 + 动词

示例： 你要多休息。

你要少看电视。

5. 时量补语

用来补充说明动作持续的时间。

结构： 动词 + 时量短语 + 宾语

示例： 他睡了两个小时觉。

他跑了二十分钟步。

注意： 该结构中的动词和宾语有时候是拆开了的、中间可插入其他成分的动宾离合词。

6. 虽然……，但是……

用来表示承认某一事实或情况，可后一情况并不因此而改变或成立。

结构： 虽然 A，但是 B。

示例： 虽然天气很冷，但是我们还是去踢球了。

虽然我明天想去学校，但是医生不让我去。

教学流程

1. 建议老师可以带一个家用医药箱或展示教室的应急医药箱，请学生说一说医药箱常用的情况来导入本课。
2. 建议学习生词 1、语言点 1、2、3、4，完成练习 1、2、3，然后听课文 1 回答问题，再让学生分组表演课文对话。
3. 建议学习生词 2、语言点 5，完成练习 6，再听课文，回答问题，然后复述课文内容或将课文内容改编成对话，穿插学习语言点 6，完成练习 9 及口头报告等其他练习。
4. 建议文化部分老师可以选取一些医院题材的影视资源中的看病片段播放给学生，让学生结合自身经验讨论文化差异。

第五课　我生病了

生词教学

- 看病、开药：离合词，中间可以插入“了、着”等成分，后面不可以再带宾语。
- 觉得：一般用在主语后面，用于发表自己的看法，但不太肯定。多用于口语。
- 可以复习一下常用的动宾离合词，如“睡觉、跑步”等。
- 可以利用词语卡片、PPT 等方式练习生词。

生词 1　17

1. liáng 量 measure
2. tǐ 体（體） body　tǐ wēn 体温 (body) temperature
3. gěi 给（給） for　wǒ xiān gěi nǐ liáng yi liáng tǐ wēn 我先给你量一量体温。
4. diǎn 点 decimal point　nǐ sān shí jiǔ diǎn wǔ dù 你三十九点五度。
5. nà bian 那边 over there
6. kàn 看 treat　kàn bìng 看病 see a doctor　yī shēng yí huìr lái gěi nǐ kàn bìng 医生一会儿来给你看病。

   Grammar: Pattern: 给 ... 看病 / 量体温
7. jué 觉 feel　jué de 觉得 feel; think
8. shū 舒 relax　shū fu 舒服 be well　nǐ jué de nǎr bù shū fu 你觉得哪儿不舒服？
9. ké 咳 cough
10. sòu 嗽 cough　ké sou 咳嗽 cough　wǎn shang shuì jiào de shí hou wǒ hái ké sou 晚上睡觉的时候我还咳嗽。

    Grammar: “... 的时候” refers to the time when something happened.
11. fā 发 break out
12. shāo 烧（燒） have a fever　fā shāo 发烧 have a fever

    nǐ shì cóng shén me shí hou kāi shǐ fā shāo de 你是从什么时候开始发烧的？

    Grammar: a) The “是 ... 的” structure emphasizes the time, place, manner or purpose of a completed action.
    b) Sentence Pattern: Subject + 是 + Time Word / Place Word / Manner / Purpose + Verb Phrase + 的
13. kāi 开 write out
14. yào 药（藥） medicine　wǒ gěi nǐ kāi diǎnr yào 我给你开点儿药。
15. xiū 休 rest
16. xī 息 rest　xiū xi 休息 rest
17. yào 要 should; need　nǐ yào duō hē shuǐ, duō xiū xi 你要多喝水，多休息！

    Grammar: Some one-word adjectives can be put before verbs.
18. shēng 生 come about
19. bìng 病 sickness; ill　shēngbìng 生病 be ill

1 模仿例子，看图说话

医生　奶奶　看病

例子：

医生给奶奶看病。

①

妈妈
小弟弟
量体温

妈妈给小弟弟量体温。

②

医生
外公
开药

医生给外公开药。

③

今天早上
叔叔
觉得

今天早上叔叔觉得不舒服。

④

今天
李阿姨
休息

今天李阿姨在家休息。

2 翻译 见参考答案

1) 我们是上个月五号搬家的。

2) 我是午饭以前开始觉得不舒服的。

3) 你是从什么时候开始发烧的？

4) 你是在哪儿出生的？

5) 你们是在哪个饭店吃晚饭的？

6) 他们不是坐火车去上海的。

51

教学建议

- 建议老师把提示词做成词卡分发给学生，再提供一些空白词卡，然后老师展示图片，学生根据图片内容选择合适的词卡放在桌子上摆成句子，根据图片补充缺失的部分，看谁完成得又快又正确。

第 1 题　补充练习

1. 爸爸　妹妹　买药
2. 她　觉得　头疼
3. 妈妈　小明　喝水

教学建议

- 建议老师先让学生翻译强调说明的部分，或先翻译去掉“是……的”的句子，再选择合适的翻译句型来强调说明某一方面。
- 建议让水平较高的学生补充问题或回答并翻译。

第 2 题　参考答案

1. We moved on the 5th of last month.
2. I started feeling unwell before lunch.
3. When did you start to have a fever?
4. Where were you born?
5. At which restaurant did you have your dinner?
6. We didn’t take the train to Shanghai.

3 用所给结构看图说话

教学建议

- 建议让学生围成内外两个圈，每个人分到一张图片。规定时间里，内圈的学生展示卡片，外圈的学生根据图片说句子。时间到以后，两人互换位置，继续练习。老师统计哪组搭档完成得又快又好。

结构：你要多喝水！　　你要少吃肉！

① 

她要少看电视。

② 

他要少喝可乐。

③ 

她要多吃米饭。

④ 

她要少喝汽水。

⑤ 

他要多休息。

⑥ 

她要多跑步。

⑦ 

他要多游泳。

⑧ 

他要多喝牛奶。

⑨ 

他要少吃快餐。

4 听课文录音，回答问题

教学建议

- 可以利用听力练习导入课文，确认学生理解了每个问题。
- 提醒学生边听课文边做笔记。

1) 在医院，他先做了什么？
量了体温。
2) 他发烧吗？多少度？
发烧，三十九点五度。
3) 他咳嗽吗？
咳嗽。
4) 他是从什么时候开始发烧的？
昨天晚饭以后。
5) 医生给他开药了吗？
开了药。
6) 医生说他要做什么？
多喝水，多休息。
7) 他明天能去上学吗？
不能。
8) 医生说他要在家休息几天？
两天。

课文 1

18

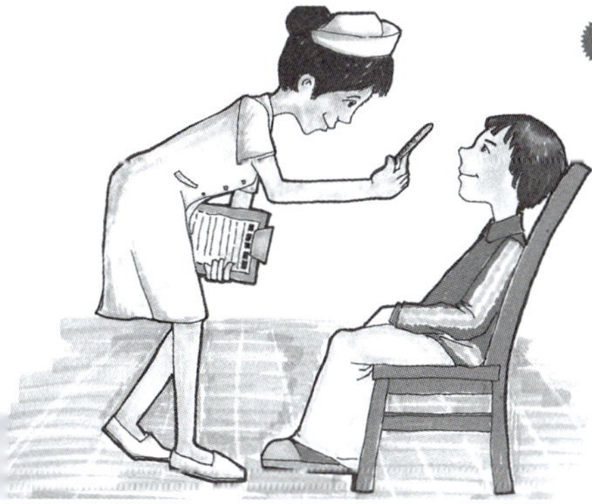

1

wǒ xiān gěi nǐ liáng yi liáng tǐ wēn sān shí jiǔ
我先给你量一量体温。三十九
diǎn wǔ dù nǐ qù nà biān děng yi děng
点五度。你去那边等一等，
yī shēng yí huìr lái gěi nǐ kàn bìng
医生一会儿来给你看病。

hǎo xiè xie
好。谢谢！

2

nǐ jué de nǎr bù shū fu
你觉得哪儿不舒服？

wǒ fā shāo le wǎn shang shuì jiào de shí hou wǒ hái ké sou
我发烧了。晚上睡觉的时候我还咳嗽。

nǐ shì cóng shén me shí hou
你是从什么时候
kāi shǐ fā shāo de
开始发烧的？

wǒ shì zuó tiān wǎn fàn yǐ hòu kāi
我是昨天晚饭以后开
shǐ jué de bù shū fu de
始觉得不舒服的。

wǒ gěi nǐ kāi diǎnr yào nǐ yào
我给你开点儿药。你要
duō hē shuǐ duō xiū xi
多喝水，多休息！

qǐng wèn wǒ míng tiān néng qù shàng xué ma
请问，我明天能去上学吗？

nǐ míng tiān bù néng qù shàng xué nǐ shēng bìng
你明天不能去上学。你生病
le yào zài jiā xiū xi liǎng tiān
了，要在家休息两天。

nà hǎo ba xiè xie yī shēng
那好吧。谢谢医生！

bú kè qi
不客气。

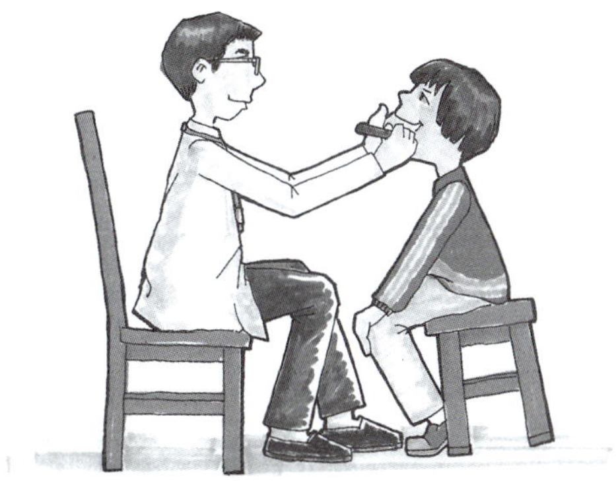

教学建议

- 课文重点培养学生的口语交际能力。
- 听录音跟读后，可以让学生两两一组利用医药箱中的物品表演对话。
- 建议让学生根据课文内容帮“我”写一张病假条给老师。

教学建议

- 建议老师让学生抽签分配“护士、病人、医生”三个角色，然后分组编演对话，老师巡视并补充所需要的词汇。
- 鼓励学生用“你可以用”里的句子。
- 请学生展示并从语言、表演等方面互相评价。

5 角色扮演

Suppose you were sick and your mum took you to the hospital. Make two conversations with your partner.

例子：

（在医院）

护士： 我先给你量一量体温。三十八点六度。请去四号房间。

你： 好。谢谢！

（在四号房间）

医生： 你觉得哪儿不舒服？

……

护士：nurse

你可以用

a) 你是从什么时候开始觉得不舒服的？
b) 你是从什么时候开始发烧的？
c) 你睡觉的时候咳嗽吗？
d) 你今天早饭吃了什么？
e) 我给你开点儿药。
f) 我明天能去上学吗？
g) 你今天和明天都不能去上学。
h) 你要在家休息两天。
i) 你要多喝水，多休息！
j) 我能吃点儿什么？
k) 你可以喝粥，喝汤。

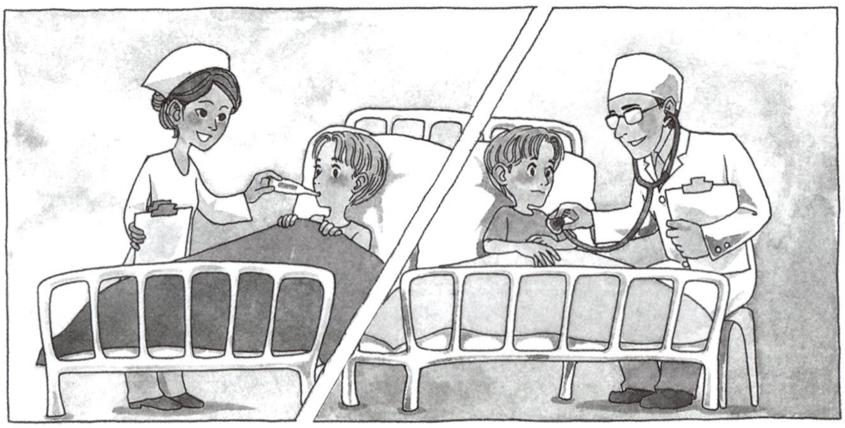

生词 2 19

① tòng 痛 ache; pain　tóu tòng 头痛 headache

② téng 疼 ache; pain　③ sǎng 嗓 throat　sǎng zi 嗓子 throat

④ lā 拉 empty the bowels　⑤ dù 肚 belly; stomach　dù zi 肚子 belly; stomach

lā dù zi 拉肚子 have loose bowels　wǒ fā shāo、tóu tòng、sǎng zi téng, hái lā dù zi 我发烧、头痛、嗓子疼，还拉肚子。

⑥ mǎ shàng 马上 at once　⑦ dài 带（帶） take　mā ma mǎ shàng dài wǒ qù kàn le yī shēng 妈妈马上带我去看了医生。

⑧ hù 护（護） protect; guard　⑨ shì 士 person trained in a specific job　hù shi 护士 nurse

⑩ yí xià 一下 used after a verb, to show a short and a quick action　hù shi gěi wǒ liáng le yí xià tǐ wēn 护士给我量了一下体温。

⑪ gǎn 感 feel　⑫ mào 冒 emit　gǎn mào 感冒 catch cold　yī shēng shuō wǒ gǎn mào le 医生说我感冒了。

⑬ jiào 叫 ask　yī shēng jiào wǒ duō hē shuǐ, duō xiū xi 医生叫我多喝水，多休息。

⑭ zuì hòu 最后 in the end　⑮ zhāng 张（張） a measure word (used of paper, a painting, a ticket, a table, a bed, etc.)

⑯ jià 假 leave of absence　bìng jià 病假 sick leave　⑰ tiáo 条 slip　bìng jià tiáo 病假条 sick-leave slip

zuì hòu, yī shēng gěi wǒ kāi le yì zhāng bìng jià tiáo 最后，医生给我开了一张病假条。

⑱ ràng 让（讓） let; allow　yī shēng ràng wǒ zài jiā xiū xi liǎng tiān 医生让我在家休息两天。

⑲ shí 时 hour　xiǎo shí 小时 hour　xià wǔ wǒ shuì le liǎng ge xiǎo shí jiào 下午我睡了两个小时觉。

Grammar: **Pattern: Verb + Complement of Duration + Object (excluding people)**

⑳ suī 虽（雖）rán 然 although　suī rán 虽然……，dàn shì 但是…… although

suī rán wǒ hěn xiǎng míng tiān qù shàng xué, dàn shì mā ma bú ràng wǒ qù 虽然我很想明天去上学，但是妈妈不让我去。

生词教学

- **一下：**表示动作进行一次，用在表示动作行为的动词后。
- **叫、让：**常用于"主语＋叫／让＋宾语＋动作行为"，引出动作行为的对象，多用于口语。
- 可以总结一下和看病、描述病症有关的常见短语，如"量体温、拉肚子"等。
- 可以利用全身反应、词语卡片、PPT 等方式练习生词。

6 用所给结构看图说话

教学建议

- 建议老师先通过公式、例句等帮助学生复习简单的不带宾语的时量补语结构，完成相应练习，然后再学习带宾语的时量补语结构，提醒学生注意动宾离合词的句型结构，完成练习。
- 建议完成课本练习以后，通过"吹牛比赛"让学生自由发挥，用时量补语夸张地说说自己可以做的事，比如"我跑了三天步、他睡了二十四个小时"等。

你可以用

a) 一个小时　两个小时　三个小时
b) 一个星期　两个星期　三个星期
c) 一个月　两个月　三个月
d) 一天　两天　三天
e) 一年　两年　三年

结构：爸爸在上海工作了十年。　　我下午睡了两个小时觉。

① 
北京
工作
两个月

他在北京工作了两个月。

② 
家
休息
一个星期

奶奶在家休息了一个星期。

③ 
上海
住
五年

爷爷在上海住了五年。

④ 
客厅
看电视
一个小时

他在客厅里看了一个小时电视。

⑤ 
书房
做作业
三个小时

她在书房里做了三个小时作业。

⑥ 
房间
睡觉
十个小时

他在房间里睡了十个小时觉。

7 用所给结构看图说话

结构：你要多运动！　　你要少看电视！

①

她要多喝水。

②

他要少上网。

③

他要多休息。

④

他要少喝汽水。

⑤

她要多吃鱼。

⑥

他要少吃零食。

⑦

她要多吃饭。

⑧

他要多穿衣服。

教学建议

- 建议老师先利用课本图片帮助学生熟悉这一表达方式，然后做扩展。
- 建议老师先让学生分成小组讨论生活中经常听到的类似的叮嘱或建议，尽可能多地用中文写或画图的方式列出清单。
- 学生列出清单后，可以通过“你演我猜”来巩固这一表达方式，小组互相交换列出的清单完成任务。

8 听课文录音，回答问题

1) 她是从什么时候开始觉得不舒服的？
今天早上。
2) 她哪儿不舒服？
发烧、头痛、嗓子疼、拉肚子。
3) 在医院，她先做了什么？
量体温。
4) 医生叫她做什么？
多喝水，多休息。
5) 医生让她休息几天？
两天。
6) 吃药以前，她先吃了什么？
一点儿面条。
7) 她下午睡了几个小时觉？
两个小时。
8) 她明天能去上学吗？为什么？
不能，因为妈妈不让她去。

教学建议

- 可以利用听力练习导入课文。
- 提醒学生边听课文边做笔记。
- 学生回答听力问题时，老师可以就课文内容做适量补充，完成课文的展示、串讲。

教学建议

- 课文重点培养学生的书面语交际能力。
- 可以在讲解完课文后，让学生填写去掉了重点词语和核心语言点的课文，做完型填空。可以提供不同难度的完型填空让学生根据自己的水平自行选择。
- 建议让学生分小组改编、表演课文中的第二段内容。

课文 2 (20)

sān yuè shí èr rì xīng qī sān　　duō yún
三月十二日星期三　　多云

jīn tiān zǎo shang wǒ jué de hěn bù shū fu　wǒ fā shāo　tóu tòng　sǎng zi téng　hái lā dù zi　mā ma mǎ shàng dài wǒ qù kàn le yī shēng
今天早上我觉得很不舒服。我发烧、头痛、嗓子疼，还拉肚子。妈妈马上带我去看了医生。

zài yī yuàn　hù shi xiān gěi wǒ liáng le yí xià tǐ wēn　rán hòu yī shēng gěi wǒ kàn le bìng　yī shēng shuō wǒ gǎn mào le　tā gěi wǒ kāi le yào　hái jiào wǒ duō hē shuǐ　duō xiū xi　zuì hòu　yī shēng gěi wǒ kāi le yì zhāng bìng jià tiáo　ràng wǒ zài jiā xiū xi liǎng tiān
在医院，护士先给我量了一下体温，然后医生给我看了病。医生说我感冒了。她给我开了药，还叫我多喝水，多休息。最后，医生给我开了一张病假条，让我在家休息两天。

dào jiā yǐ hòu　wǒ xiān chī le diǎnr miàn tiáo　rán hòu chī le yào　xià wǔ wǒ shuì le liǎng ge xiǎo shí jiào　wǎn shang wǒ bù fā shāo le
到家以后，我先吃了点儿面条，然后吃了药。下午我睡了两个小时觉。晚上我不发烧了。

suī rán wǒ hěn xiǎng míng tiān qù shàng xué　dàn shì mā ma bú ràng wǒ qù
虽然我很想明天去上学，但是妈妈不让我去。

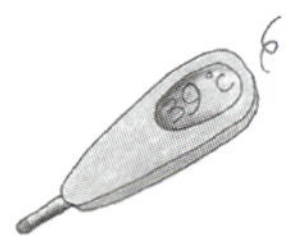

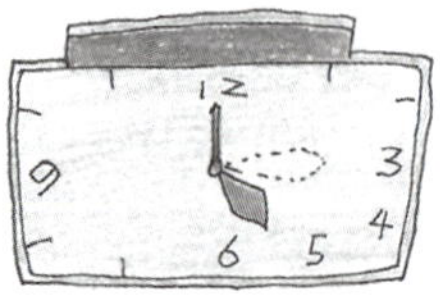

9 用所给词语完成句子 见参考答案

1) 虽然妈妈不工作，但是 ________________。

2) 虽然今天下大雪，但是 ________________。

3) 虽然我很想明天去上学，但是 ____________。

4) 虽然爸爸会做饭，但是 ________________。

5) 虽然现在是夏天，但是 ________________。

6) 虽然他的房间里有衣柜，但是 ____________。

你可以用

a) 气温　衣服　裤子
b) 觉得　让　叫
c) 好吃　高　低
　热　冷　忙

10 模仿例子，猜一猜图中人物在说什么 见参考答案

①

②

③

例子：医生说我感冒了。

④

⑤

⑥

教学建议

- 建议老师在课文中串讲语言点6，并通过情景设置等方式帮助学生熟悉“虽然……，但是……”的用法，比如“前一天晚上有全国中学生篮球比赛，大家都会看，第二天可以不上课吗？”
- 鼓励学生参考“你可以用”中的内容，补充不同的内容完成句子。

教学建议

- 建议老师先让学生模仿图片中的人说话，然后再提醒学生转述时人称代词的转换方式，完成其他练习。
- 老师可以把扩展练习主题定为“传话筒”，让学生三人一组，一个人负责传话，其他两个人只和传话的学生说话。请小组成员选择一个话题，比如“看病、点菜、整理房间”等。

第9题　参考答案

1. 她每天都很忙。
2. 我不觉得冷。
3. 妈妈不让我去。
4. 他做的饭不好吃。
5. 天气不太热。
6. 他的衣服都在地上。

第10题　参考答案

2. 护士说他发烧了。
3. 奶奶说她不舒服。
4. 弟弟说他不想吃早饭。
5. 爸爸说他的房间太乱了。
6. 妈妈说她要去北京出差。

教学建议

- 建议老师先带着学生复习一下“多 / 少 + 动词”的结构，然后再扩展练习“叫、让”引入对象的结构，完成练习 1-5；再熟悉“带”引入宾语的结构，注意区分“带”和“叫、让”在意义上的差别，完成练习 6-8。

11 用所给结构看图说话

结构：医生让我多休息。　　爸爸明年会带我去北京。

　　　医生叫我少喝汽水。　　妈妈会带弟弟去看病。

① 
医生　叫　运动

医生叫爷爷多运动。

② 
医生　让　休息

医生让爷爷多休息。

③ 
妈妈　让　穿

妈妈让他多穿衣服。

④ 

老师　叫　说

老师叫他多说汉语。

⑤ 
爸爸　叫　喝

爸爸叫他少喝可乐。

⑥ 
妈妈　带　外婆家

妈妈带我去外婆家。

⑦ 
妈妈　带　游泳

妈妈带弟弟去游泳。

⑧ 
爸爸　带　足球

爸爸带弟弟去踢足球。

12 角色扮演

Suppose your friend Mingming（明明）was sick today. Call him and make a conversation about his absence.

例子：

你：明明，你今天去上学了吗？我今天没有看见你。

明明：我今天没有去上学。

你：为什么？

明明：我病了。

你：你觉得哪儿不舒服？

明明：……

你：你去看医生了吗？

明明：……

你：你现在还发烧吗？

明明：……

你：你明天会去上学吗？

明明：……

你：医生让你休息几天？

明明：……

你：你在家做什么？

……

你可以用

a) 我发烧、头痛，还拉肚子。
b) 我今天在家休息了一天。
c) 医生给我开了一点儿药。
d) 医生叫我多喝水，多睡觉。
e) 我现在不发烧了，但是还咳嗽。
f) 我明天很想去上学，但是妈妈不让我去。
g) 我在床上休息。我不想看书，也不想看电视。
h) 我今天下午睡了两个小时觉。

教学建议

- 建议老师让学生先熟悉"你可以用"中的句子，分享一下如果好朋友生病了自己会怎么打电话问候他/她，然后两人一组编演对话。
- 注意提醒学生使用时量补语、"叫、让、给""多/少＋形容词"等核心语言点。

第六课 我的宠物

教学目标

1. 理解和使用"过"、双宾语句、"有""又……又……""跟……一起""有点儿"。
2. 询问和回答关于宠物的样子、名字的由来、年龄等问题。
3. 介绍自己的宠物，包括样子、性格、年龄，以及自己会为宠物做的事。
4. 回答和询问宠物医生关于宠物生病的问题。
5. 初步了解中国人喜欢的宠物种类，中国有哪些和宠物（或动物）有关的重要节日。

教学重点

1. 生词重点：养、为、洗澡、散步、差不多、非常、如果
2. 短语重点：养宠物、喂宠物、聪明可爱、活泼好动、有点儿吵
3. 语言点重点："过"、双宾语句、"有""又……又……""跟……一起""有点儿"
4. 交际重点：谈论宠物的样子、年龄和名字的由来，介绍自己会为宠物做的事情。

教学提示

1. 过

用来表示某种行为曾经发生。

结构： 动词 + 过 + 名词

示例： 你吃过药吗?

他养过很多宠物。

注意： 区分"了"和"过"，二者都用在动词后，"了"表示动作完成，时间上可以是以前、现在或未来的，完成了的动作状态可以延续到现在。"过"表示动作曾经发生，并且已经结束。

2. 双宾语句

用来引入动词的直接宾语和间接宾语。

结构： 动词 + 宾语 $_1$ + 宾语 $_2$

示例： 我叫我的猫"雪球"。

他给我一本书。

注意：宾语 $_1$ 一般是指人 / 动物名词，宾语 $_2$ 一般为指物名词。

一般来说，双宾语句中不能只出现宾语 $_2$。

3. 有

表示估计达到了某个数量。

结构：有 + 数量

示例：这只小狗有两个月大。

他妹妹有十二岁了。

注意：“有”的前面可以受“只、大概、可能”一类的词语修饰。

4. 又……又……

表示几种情况或性状同时存在。

结构：又 + 形容词 $_1$ + 又 + 形容词 $_2$

示例：我的小猫又聪明又可爱。

他长得又高又瘦。

5. 跟……一起

用在动词前表示“和……一起”做某事。

结构：跟……一起 + 动词

示例：我跟我的宠物一起散步。

老师跟我们一起去看电影。

6. 有点儿

表示程度不深，多用于表示不满意的、不太恰当的事情。

结构：有点儿 + 形容词

示例：今天有点儿冷。

你的小狗有点儿吵。

教学流程

1. 建议老师带几个毛绒玩具到教室里来，放在盒子里，请学生用手摸来猜测这是一只什么动物并说明理由，由此导入本课教学。
2. 建议完成练习 1，再学习生词 1、语言点 1、2，完成练习 2、3，然后听课文 1 回答问题，再让学生两两一组模仿课文编写对话。
3. 建议先学习生词 2、语言点 3、4、5、6，完成练习 7，再听课文，回答问题，完成练习 9 及口头报告等其他练习。
4. 建议文化部分老师可以让学生分享一下当地有关宠物的节日，再介绍一下中国人养宠物的情况和“中国宠物文化节”等有关节日。

第六课　我的宠物

生词教学

- 养：后面可以跟动物或植物，表示饲养、种植。
- 为：用来引入动作行为的受益方。
- 差不多：表示接近某种状态。
- 建议复习一下和身体部位有关的词语。
- 可以利用词语卡片、PPT 等方式练习生词。

生词 1 21

❶ 养（養）yǎng raise　❷ 宠（寵）chǒng spoil　❸ 物 wù creature　宠物 chǒng wù pet

❹ 过（過）guo a particle　你养过宠物吗？nǐ yǎng guo chǒng wù ma

Grammar: "过" can be used after a verb to show an experience.

❺ 小时候 xiǎo shí hou in one's childhood

❻ 猫（貓）māo cat　❼ 只（隻）zhī a measure word (used for animals)　我现在养了一只狗和一只猫。wǒ xiàn zài yǎng le yì zhī gǒu hé yì zhī māo

❽ 因 yīn because of　因为 yīn wèi because　❾ 所以 suǒ yǐ so　因为……，所以…… yīn wèi …… suǒ yǐ …… because

❿ 它 tā it　它们 tā men they; them (non-human)　⓫ 身 shēn body　身上 shēn shang on one's body

⓬ 毛 máo hair; fur　因为它身上的毛是白色的，所以我叫它"雪球"。yīn wèi tā shēn shang de máo shì bái sè de, suǒ yǐ wǒ jiào tā "xuě qiú"

Grammar: a) "它", "雪球" are both objects of "叫".
b) Sentence Pattern: Subject + Verb + $Object_1$ + $Object_2$

⓭ 尾 wěi tail　尾巴 wěi ba tail　⓮ 灰 huī grey　灰白色 huī bái sè greyish white

⓯ 为 wèi for　你要为雪球和小花做什么？nǐ yào wèi xuě qiú hé xiǎo huā zuò shén me　⓰ 喂（餵）wèi feed　我每天都喂它们。wǒ měi tiān dōu wèi tā men

⓱ 澡 zǎo bath　洗澡 xǐ zǎo bathe　我常常给它们洗澡。wǒ cháng cháng gěi tā men xǐ zǎo

⓲ 散 sàn let out　散步 sàn bù take a walk　⓳ 差不多 chà bu duō almost　我差不多每天都带雪球去散步。wǒ chà bu duō měi tiān dōu dài xuě qiú qù sàn bù

62

1 模仿例子，看图说话

例子：

这只狗头上的毛是棕色的。它的毛短短的。它的眼睛大大的，鼻子和嘴巴都小小的。它的尾巴很长。

你可以用

a) 这只猫的尾巴短短的。
b) 这只狗身上的毛是灰白色的。
c) 它身上的毛长长的。
d) 它有大大的眼睛。
e) 它有大耳朵、大眼睛和小嘴巴。
f) 黑色 白色 黄色 棕色 灰白色
g) 眼睛 鼻子 嘴巴 耳朵 头 脸 毛
h) 长 短 大 小 胖 瘦 圆

①

②

2 用所给结构写句子

结构：你养过宠物吗？

1) 学西班牙语

你学过西班牙语吗？

2) 去北京

你去过北京吗？

3) 吃小笼包

你吃过小笼包吗？

4) 滑冰

你滑过冰吗？

教学建议

- 建议先复习形容词谓语句和形容词重叠的用法，再练习描述动物的样子。
- 建议将练习1和摸玩具猜动物的导入环节结合起来。

教学建议

- 建议老师通过提问的方式帮助学生理解“过”的用法，如“你觉得养宠物有意思吗？”如果学生回答“有意思”，就要追问：“你怎么知道的？”，从而引出“养过宠物”的表达方式。
- 注意区分“过”和“了”在表达上的区别，建议老师补充对比练习。如“他养过宠物——他养了宠物。”前者表示现在没有养宠物，后者表示他现在可能还有宠物。

3 完成句子

教学建议

- 建议先通过典型例句帮助学生复习三组关联词语的意义和用法，然后提供若干对小句，让学生选择合适的关联词语完成句子，进行巩固训练。
- 建议让学生独立把句子补充完整，然后再分享。老师可以从几个角度进行点评，如最合理的句子、最有创意的句子等。

1) 因为小狗身上的毛是白色的，所以 我们叫它雪球。
2) 虽然我今天觉得不太舒服，但是 我没有去看医生。
3) 爸爸喜欢一边跑步一边 听音乐。
4) 因为我的房间里 没有书架，所以我的书都在客厅里。
5) 因为 我喜欢吃盒饭，所以我每天都吃牛肉饭或者猪排饭。
6) 因为 我听说北京秋天的天气最好，所以我想明年秋天去北京。
7) 虽然 今天下了雪，但是今天不太冷。

Task Make one sentence for each of the following:

a) 一边……一边……

b) 虽然……，但是……

c) 因为……，所以……

4 听课文录音，回答问题

教学建议

- 可以利用听力练习导入课文，确认学生理解了每个问题。
- 提醒学生边听课文边做笔记。

1) 王月小时候养过什么宠物？
养过鱼。
2) 她现在养了什么宠物？
一只狗和一只猫。
3) 为什么她的狗叫“雪球”？
因为它身上的毛是白色的。
4) 她的狗长什么样？
它的眼睛大大的，鼻子和嘴巴都小小的，尾巴很短。
5) 她的猫身上的毛是什么颜色的？
是灰白色的。
6) 她的猫叫什么名字？
小花。
7) 她的猫几岁了？
一岁。
8) 王月要为她的宠物做什么？
每天喂它们，常常给它们洗澡，差不多每天带小狗去散步。

课文 1

22

wáng yuè　nǐ yǎng guo chǒng wù ma
王月，你养过宠物吗？

wǒ xiǎo shí hou yǎng guo yú　wǒ xiàn zài yǎng le yì zhī gǒu hé yì zhī māo
我小时候养过鱼。我现在养了一只狗和一只猫。

nǐ de gǒu jiào shén me míng zi
你的狗叫什么名字？

yīn wèi tā shēnshang de máo shì bái sè de　suǒ yǐ wǒ jiào tā　xuě qiú
因为它身上的毛是白色的，所以我叫它“雪球”。

tā zhǎngshén me yàng
它长什么样？

tā de yǎn jing dà dà de　bí zi hé zuǐ ba dōu xiǎo xiǎo de　tā de wěi ba hěn duǎn
它的眼睛大大的，鼻子和嘴巴都小小的。它的尾巴很短。

nǐ de māo jiào shén me míng zi　tā jǐ suì le
你的猫叫什么名字？它几岁了？

yīn wèi tā shēnshang de máo shì huī bái sè de　suǒ yǐ wǒ jiào tā　xiǎo huā　tā yí suì le
因为它身上的毛是灰白色的，所以我叫它“小花”。它一岁了。

nǐ yào wèi xuě qiú hé xiǎo huā zuò shén me
你要为雪球和小花做什么？

wǒ měi tiān dōu wèi tā men　chángcháng gěi tā men xǐ zǎo
我每天都喂它们，常常给它们洗澡。

wǒ chà bu duō měi tiān dōu dài xuě qiú qù sàn bù
我差不多每天都带雪球去散步。

65

教学建议

- 课文重点培养学生的口语交际能力。
- 听录音跟读后，可以让学生两两一组用课文练习对话。
- 建议让学生根据课文内容介绍一下王月现在养的两只宠物。

教学建议

- 建议老师为角色扮演设置情境，如“宠物店员工面试”。宠物店老板需要了解李山养宠物的经验和对宠物的感情，让学生两两一组根据课本提供的问题和图片信息编排对话，完成角色扮演。
- 请学生展示并从语言、表演等方面互相评价。

5 角色扮演

Suppose these are Li Shan's（李山）two pets. Make a conversation with your partner using the questions suggested.

1) 你小时候养过什么宠物？

2) 你现在养了什么宠物？

3) 你的狗叫什么名字？

4) 你的狗长什么样？

5) 你的狗几岁了？

6) 你要为你的宠物做什么？

7) 你喜欢养宠物吗？

例子：

你：听说你小时候养过很多宠物。

李山：对。我养过狗和猫，还养过鱼。

你：你喜欢养鱼吗？

李山：我非常喜欢养鱼。

你：你现在养了什么宠物？

……

小安　一岁
我要：喂它、给它洗澡、带它去散步

小雪　一个月
我要：喂它、给它洗澡

生词 2 23

① zhǐ 只 only　lè le zhǐ yǒu liǎng ge yuè dà 乐乐只有两个月大。

Grammar: "有" is used for estimation.

② cōng 聪（聰）clever　③ míng 明 bright　cōngmíng 聪明 clever　④ kě 可 be worth (doing)　kě ài 可爱 cute

⑤ yòu 又 (both) ... and...　yòu yòu 又……又…… both... and...

tā men dōu yòu cōngmíng yòu kě ài 它们都又聪明又可爱。

Grammar: Pattern: 又 + Adjective + 又 + Adjective
又 + Verb + 又 + Verb

⑥ dōng 东（東）east　⑦ xī 西 west　dōng xi 东西 stuff　huānhuan fēi cháng xǐ huan chī dōng xi 欢欢非常喜欢吃东西。

⑧ huó pō 活泼（潑）lively　⑨ hào dòng 好动 active　lè le hěn huó pō, hěn hào dòng 乐乐很活泼，很好动。

⑩ fēi 非 not　⑪ cháng 常 ordinary　fēi cháng 非常 extremely　⑫ wán 玩 play

⑬ shí jiān 时间 time　wǒ méi yǒu shí jiān gēn tā men yì qǐ wán 我没有时间跟它们一起玩。

Grammar: Pattern: 跟 ... 一起 + Verb

⑭ chǎo 吵 noisy

⑮ yǒu diǎnr 有点儿 somewhat　lè le yǒu diǎnr chǎo 乐乐有点儿吵。

Grammar: "有点儿" can be put before an adjective.

⑯ zhěn 诊（診）examine (a patient)　⑰ suǒ 所 used as a name of an institution or organization　zhěn suǒ 诊所 clinic

⑱ rú 如 if　rú guǒ 如果 if　rú guǒ tā menshēngbìng le, wǒ hái yào dài tā men qù chǒng wù zhěn suǒ kàn bìng 如果它们生病了，我还要带它们去宠物诊所看病。

生词教学

- 非常：程度副词，可以用来修饰形容词或动词，表示程度较高。
- 如果：表示假设，常和"就、还"等搭配使用。
- 可以总结复习一下表示程度的副词，如"很、有点儿、非常、太"等。
- 可以利用全身反应法、词语卡片、PPT等方式练习生词。

- 建议老师对图片进行分类，一类图片需要描述原因，一类图片需要描述样子性格，一类图片需要描述事件或行为。将图片分为三个练习小站，几个学生为一小组，在指定小组讨论如何描述图片，再根据老师指令，轮换到新的小站描述新的图片。
- 鼓励学生使用恰当的关联词语。

6 模仿例子，看图说话 见参考答案

例子：

因为他非常喜欢吃快餐，所以他长得有点儿胖。

你可以用

a) 因为他非常喜欢喝可乐，所以他长得有点儿胖。
b) 我感冒了。医生让我在家休息两天。
c) 那只小狗长得胖胖的。它的脸圆圆的，眼睛大大的，耳朵小小的。
d) 哥哥常常跟同学一起踢足球。
e) 弟弟长得很可爱。他又聪明又活泼。
f) 小妹妹有点儿吵。
g) 小狗如果生病了，妈妈要带它去宠物诊所看病。

① 

小猫……

④ 

这只狗……

② 

爸爸……

⑤ 

小弟弟……

③ 

小妹妹……

⑥ 

姐姐……

第 6 题 参考答案

1. 因为小猫生病了，所以妈妈带它去宠物诊所看病。
2. 爸爸常常跟妈妈一起去打网球。
3. 小妹妹长得胖胖的，又聪明又可爱。
4. 这只狗的头大大的，耳朵长长的。
5. 我想听音乐，但是小弟弟有点儿吵。
6. 姐姐感冒了。医生让她在家休息两天。

7 用所给结构完成句子

A. 结构：小狗又聪明又可爱。

1) 哥哥长得 又高又瘦。

2) 今天 又刮风又下雨。

3) 奶奶今天 又发烧又咳嗽。

4) 小妹妹 又聪明又活泼。

你可以用

a) 下雨　下雪　刮风　咳嗽　发烧

b) 舒服　聪明　可爱　活泼　冷　忙　乱　高　矮　胖　瘦

B. 结构：今天有点儿热，最高气温二十八度。

1) 这个星期爸爸工作 有点儿忙，每天很晚回家。

2) 弟弟的房间 有点儿乱，衣服都在床上。

3) 昨天晚上下雪了，所以今天 有点儿冷。

4) 爷爷今天 有点儿不舒服，还有点儿咳嗽。

8 听课文录音，回答问题 见参考答案

1) 她家养了什么宠物？

2) 欢欢今年几岁了？

3) 欢欢长什么样？

4) 为什么欢欢有点儿胖？

5) 乐乐身上的毛是什么颜色的？

6) 乐乐长得胖不胖？

7) 为什么乐乐有时候会有点儿吵？

8) 如果欢欢和乐乐生病了，她会做什么？

69

教学建议

- 建议结构A采用句子合并的方式帮助学生理解掌握“又……又”的用法，让学生先用两个小句描述主语，再将两个小句用“又……又”合并为一句。
- 建议结构B采用分组比赛的方式完成，每个句子都鼓励学生补充不同的内容，句子多的小组获胜。

教学建议

- 可以利用听力练习导入课文，可以让学生先猜测一下问题的答案。
- 提醒学生边听课文边做笔记。
- 学生回答听力问题时，老师可以就课文内容做适量补充，完成课文的展示、串讲。

第8题　参考答案

1. 两只狗。
2. 四岁。
3. 它有大眼睛、大鼻子、大嘴巴和长耳朵。
4. 因为它非常喜欢吃东西。
5. 白色的。
6. 不胖。
7. 因为乐乐没有时间跟它玩儿。
8. 带它们去宠物诊所看病。

教学建议

- 课文重点培养学生的书面语交际能力。
- 可以在讲解完课文后，让学生填写去掉了重点词语和核心语言点的课文，做完型填空。可以提供不同难度的完型填空让学生根据自己的水平自行选择。
- 建议让学生根据课文内容改编一段对话，内容是采访宠物主人。

课文 2 24

wǒ men jiā yǎng le liǎng zhī gǒu, yì zhī jiào "huānhuan", yì zhī jiào "lè le"。
我们家养了两只狗，一只叫“欢欢”，一只叫“乐乐”。

huānhuan jīn nián sì suì le, lè le zhǐ yǒu liǎng ge yuè dà。 tā men dōu yòu cōngmíng yòu kě ài。
欢欢今年四岁了，乐乐只有两个月大。它们都又聪明又可爱。

huānhuan shēnshang de máo shì zōng sè de。 tā yǒu dà yǎn jing、 dà bí zi、 dà zuǐ ba hé cháng ěr duo。 huānhuan fēi cháng xǐ huan chī dōng xi, suǒ yǐ tā yǒu diǎnr pàng。 lè le shēnshang de máo shì bái sè de。 tā zhǎng de shòushòu de。 tā de máo duǎnduǎn de。 lè le hěn huó pō, hěn hào dòng。
欢欢身上的毛是棕色的。它有大眼睛、大鼻子、大嘴巴和长耳朵。欢欢非常喜欢吃东西，所以它有点儿胖。乐乐身上的毛是白色的。它长得瘦瘦的。它的毛短短的。乐乐很活泼，很好动。

wǒ fēi cháng xǐ huan huānhuan hé lè le。 dàn shì, rú guǒ wǒ méi yǒu shí jiān gēn tā men yì qǐ wán, lè le huì yǒu diǎnr chǎo。 rú guǒ tā men shēng bìng le, wǒ hái yào dài tā men qù chǒng wù zhěn suǒ kàn bìng。
我非常喜欢欢欢和乐乐。但是，如果我没有时间跟它们一起玩，乐乐会有点儿吵。如果它们生病了，我还要带它们去宠物诊所看病。

9 模仿例子，看图说话 见参考答案

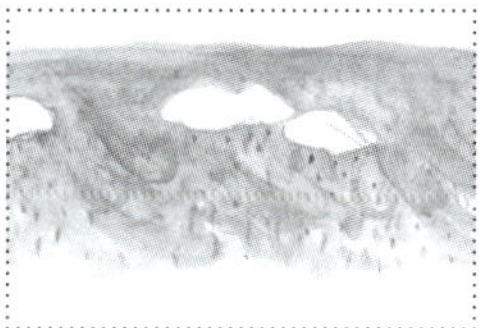

例子：

今天又刮风又下雨。

又……又……

①

因为……，所以……

②

让　休息

③

有点儿　吵

④

跟……一起

⑤

如果　看病

⑥

叫　多

⑦

虽然……，但是……

⑧

小时候　养

⑨

都　喜欢

教学建议

- 建议先重点复习一下核心语言点，然后再完成练习。
- 建议老师将练习编辑成九宫格游戏，根据图片信息难度设置分数，让学生选分值回答问题。

第 9 题　参考答案

1. 因为妈妈今天又发烧又咳嗽，所以她没去上班。
2. 医生让她多休息。
3. 小狗有点儿吵。
4. 我喜欢跟小狗一起玩儿。
5. 如果小狗生病了，我要带它去宠物诊所看病。
6. 妈妈叫我多喝水。
7. 虽然现在下雪，但是天气不太冷。
8. 我小时候养过狗，也养过猫。
9. 炒饭、炒面，我都喜欢。

教学建议

- 建议老师先和学生讨论一下给宠物看病和给人看病的异同，然后再让学生两人一组编演对话。
- 鼓励学生用“你可以用”中的问题和回答。

10 角色扮演

Suppose your dog is sick. You and your mum took it to the vet. Make a conversation with the vet.

例子：

医生：它叫什么名字？

你：它叫果果。

医生：它哪儿不舒服？

你：它昨天没有吃东西。

医生：它今天吃东西了吗？

你：它今天也没有吃东西。

它只喝了一点儿水。

……

你可以用

a) 它今天吃了什么？
b) 它今天小便了吗？
c) 它今天大便了吗？
d) 它拉肚子吗？
e) 它经常生病吗？
f) 你经常给它洗澡吗？
g) 你每天都带它去散步吗？
h) 我给它开点儿药。
i) 你让它多喝水。
j) 它生病的时候，别让它吃太多肉。

小便：pee　大便：poop

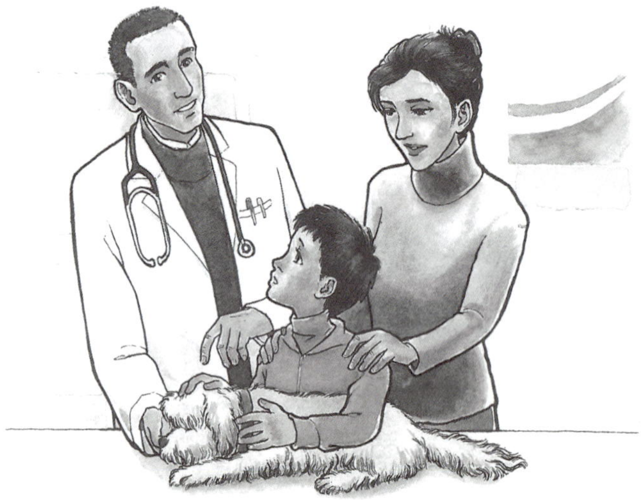

11 口头报告

Present to class your experience of keeping a pet.

例子：

这是我的小狗。它的名字叫毛毛。它身上的毛是棕色的。它有大大的眼睛、小小的鼻子和小小的嘴巴。它的尾巴短短的。

我每天都喂毛毛。因为毛毛很好动，所以每天晚饭以后我都带它去散步。

毛毛有时候会生病。上个星期它感冒了，还发烧。我和妈妈带它去宠物诊所看病。医生给它开了一点儿药。

因为我的作业非常多，有时候不能跟毛毛一起玩，它会有点儿吵。但是，毛毛是一只非常可爱的小狗。它又聪明又活泼。我很喜欢它！

Task 如果你养了这只狗/猫，你会为它做什么？

教学建议

- 建议老师把口头报告的情境设置为"动物保护周之分享你们的故事"演讲比赛，让学生结合自己的生活实际完成一个演讲，介绍自己的宠物以及和宠物之间的故事。
- 建议老师给出明确的评分标准和要求，包括演讲内容、必须使用的语言点、时长、仪态等方面。

第七课 我家附近有商场

教学目标

1. 理解和使用“离”“就”。
2. 谈论家庭位置及附近设施。
3. 掌握电邮的书写规范。

教学重点

1. 生词重点：场、店、可是、站
2. 短语重点：篮球场、足球场、网球场、滑冰场、服装店、百货商店、地铁站、市中心
3. 语言点重点：“离”“就”
4. 交际重点：发电邮；谈论家庭位置及附近设施。

教学提示

1. 离

表示空间距离的远近，也可表示时间距离的远近。

结构： A 离 B 很 / 不 + 近 / 远

示例： 我家离地铁站很近。

我家离公共汽车站不远。

注意：“离”和“从”都可以接表示时间、处所的词语。“从”表示时间、空间的起点。“离”表示时间、空间的距离，后面常跟“远”“近”等形容词。

2. 就 exactly

表示加强肯定的语气。

结构： 就 + 是

就 + 在

示例： 这就是我的新家。

小雨家就在我家旁边。

3. 就 as early as

表示动作、状况在很短时间内发生、实现。

结构： 就 + 动词

就 + 形容词

示例： 我马上就回来。

他的病很快就好了。

教学流程

1. 课文 1 中没有新的语言点，在学习生词 1、复习语言点之后，可以将更多精力放到听、说能力的训练上。如有需要也可以根据学生家的实际情况补充常用词。
2. 建议在学习生词 2 后，借助练习题让学生熟练掌握“就”表 exactly 的用法和“离”的用法。
3. 建议将“就”表 as early as 的用法放到课文 2 中讲解，有具体的语境方便学生理解。

第七课　我家附近有商场

生词教学

- 场：构词能力强，可以由“场”出发帮学生掌握篮球场、足球场、网球场、滑冰场、商场。还可以结合学生生活补充其他词语，如棒球场、羽毛球场等。
- 店：构词能力强，可以由“店”出发帮学生掌握商店、书店、服装店。还可以结合学生生活补充其他词语，如玩具店、文具店、花店等。
- 除了“虽然……但是……”的固定搭配外，也要让学生掌握“虽然……可是……”的搭配。
- 可以利用录音、PPT和生词卡片练习生词。

生词 1　25

① 设（設）shè set up　② 施 shī carry out　设施 shè shī facilities

③ 附 fù nearby　④ 近 jìn near　附近 fù jìn nearby　你们家附近有什么公共设施？ nǐ men jiā fù jìn yǒu shén me gōng gòng shè shī

⑤ 地 dì place　⑥ 方 fāng place　地方 dì fang place　⑦ 公园 gōng yuán park

⑧ 篮（籃）lán basket　篮球 lán qiú basketball　⑨ 场（場）chǎng a public place　篮球场 lán qiú chǎng basketball court

足球场 zú qiú chǎng football pitch　网球场 wǎng qiú chǎng tennis court　滑冰场 huá bīng chǎng skating rink　商场 shāngchǎng shopping mall

⑩ 厕（廁）cè toilet　⑪ 所 suǒ place　厕所 cè suǒ toilet

⑫ 那儿 nàr there　那儿 nàr = 那里 nà li　我们那儿还有一个大商场。 wǒ men nàr hái yǒu yí ge dà shāngchǎng

⑬ 商店 shāngdiàn shop; store　⑭ 超 chāo super　⑮ 市 shì market　超市 chāo shì supermarket

⑯ 书店 shū diàn bookstore　⑰ 装（裝）zhuāng clothes　服装 fú zhuāng clothes　服装店 fú zhuāng diàn clothes store

⑱ 影 yǐng movie　电影 diàn yǐng movie　电影院 diàn yǐng yuàn cinema

⑲ 买（買）mǎi buy　你在那个商场买过衣服吗？ nǐ zài nà ge shāngchǎng mǎi guo yī fu ma

⑳ 好看 hǎo kàn good-looking　㉑ 贵（貴）guì expensive

㉒ 可 kě but　可是 kě shì but; however　虽然那里的衣服很好看，可是非常贵。 suī rán nà li de yī fu hěn hǎo kàn, kě shì fēi cháng guì

1 看图说话 见参考答案

①

我家附近的公共设施有……

②

商场里有……

③

服装店里有……

④

书店里有……

⑤

超市里有……

教学建议

- 此题在复习生词的同时也可复习"有"字句。
- 第3、5小题的图片内容较多，可以请几个学生分别回答，要求学生不重复别人说过的内容。
- 还可以请学生自由发挥，根据自己生活的实际情况来表达。

第1题 参考答案

1. 商场、游泳池、滑冰场、学校、篮球场、网球场、足球场等。
2. 饭店、服装店、电影院、超市、书店、诊所等。
3. 衬衫、长裤、短裤、连衣裙、T恤衫、袜子、围巾、手套、帽子、游泳裤、游泳衣、运动衣等。
4. 相框、小说、杂志等。
5. 鱼、肉、蛋、面包、水果、可乐、酸奶、果汁、牛奶等。

2 模仿例子，编对话

服装店

例子：

A: 你在这家服装店买过衣服吗？

B: 买过。我很喜欢这家服装店。

超市

A: 你为什么喜欢在这里买衣服？

B: 因为这里的衣服很好看，也不太贵。

A: 你一般去这里买什么衣服？

B: 我常去买牛仔裤、衬衫和 T 恤衫。

宠物店

你可以用

a) 你一般去哪儿买衣服？
b) 你为什么不在那儿买衣服？
c) 虽然那儿的衣服很好看，可是非常贵。
d) 那儿的衣服不好看，还很贵。
e) 你常在这家超市买东西吗？
f) 你在那家宠物店买过宠物吗？
g) 你一般去书店买什么书？

书店

教学建议

- 此题是第 1 题的延续，在讨论了附近有哪些公共设施之后，进一步讨论对这些公共设施的使用情况。
- 如果学生水平较低，只要学生练熟对话示例即可。
- 如果学生水平较高，可以请他们自己编对话。编对话时，请学生参考“你可以用”中的句子。

3 听课文录音，回答问题 见参考答案

1) 她家附近有什么公共设施？
2) 那个公园里有篮球场吗？
3) 那个商场里有什么商店？
4) 那个商场里有宠物诊所吗？
5) 她常去商场里的书店做什么？
6) 他们一家人经常去哪儿吃饭？
7) 她在那个商场买过衣服吗？
8) 她为什么不在那儿买衣服？

教学建议

- 可以利用听力练习导入课文。
- 提醒学生边听课文边做笔记。
- 可以加问一些额外的问题，给水平高的学生挑战。

第 3 题　补充练习

1. 那个公园里还有什么？
2. 她常去那个商场吗？

第 3 题　参考答案

1. 一个大公园和一个大商场。
2. 有。
3. 有超市、饭店、书店、服装店、鞋店等等。
4. 有。
5. 看书、买书。
6. 去商场里的饭店吃饭。
7. 没买过。
8. 因为那里的衣服虽然好看，可是非常贵。

课文 1

26

nǐ men jiā fù jìn yǒu shén me gōnggòng shè shī
你们家附近有什么公共设施？

wǒ men zhù de dì fang fù jìn yǒu yí ge dà gōngyuán gōngyuán li yǒu
我们住的地方附近有一个大公园。公园里有
yóu yǒng chí huá bīng chǎng lán qiú chǎng zú qiú chǎng wǎng qiú chǎng
游泳池、滑冰场、篮球场、足球场、网球场
hé gōnggòng cè suǒ wǒ men nàr hái yǒu yí ge dà shāngchǎng
和公共厕所。我们那儿还有一个大商场。

shāngchǎng li yǒu shén me shāngdiàn
商场里有什么商店？

yǒu chāo shì fàn diàn shū diàn fú zhuāng diàn xié diàn děng děng
有超市、饭店、书店、服装店、鞋店等等。
shāngchǎng li hái yǒu yì jiā diàn yǐng yuàn hé yì jiā chǒng wù zhěn suǒ
商场里还有一家电影院和一家宠物诊所。

nǐ cháng qù nà ge shāngchǎng ma
你常去那个商场吗？

duì wǒ cháng cháng qù nà li de diàn yǐng yuàn kàn diàn
对。我常常去那里的电影院看电
yǐng qù shū diàn kàn shū mǎi shū wǒ hái jīng cháng gēn
影，去书店看书、买书。我还经常跟
bà ba mā ma yì qǐ qù nà li de fàn diàn chī fàn
爸爸妈妈一起去那里的饭店吃饭。

nǐ zài nà ge shāngchǎng mǎi guo yī fu ma
你在那个商场买过衣服吗？

méi mǎi guo suī rán nà li de yī fu
没买过。虽然那里的衣服
hěn hǎo kàn kě shì fēi cháng guì
很好看，可是非常贵。

77

教学建议

- 课文重点培养学生的口语交际能力。
- 可以在学完课文后让学生两人一组做角色扮演。
- 可以借助公园和商场的图片给学生一些提示。

教学建议

- 此题是课文基础上的进一步延伸，经过第 1、2 题的准备和课文的学习，学生应该可以结合实际情况对自家周围的公共设施做比较全面、深入的讨论和介绍。
- 让每个学生既作为发问者又作为介绍者来对话。如果时间有限，学生可以只选其中几个问题来对话。

4 用所给问题编对话

1) 你们家附近有什么公共设施？

2) 你常去超市买东西吗？你一般去那里买什么东西？

3) 你常去书店买书吗？你买过什么书？

4) 你一般去哪儿买衣服？那里的衣服好看吗？那里的衣服贵吗？你一般去那里买什么衣服？

5) 你一般去哪家电影院看电影？你一般去那里看什么电影？你上个周末去那里看电影了吗？你看了什么电影？好看吗？

6) 你们家常去哪家饭店吃饭？那里的饭菜好吃吗？你们一般吃什么？这个周末你们会去那里吃饭吗？

你可以用

a) 我常常去超市买面包、水果、零食等等。
b) 我买过中文书，也买过英文书。
c) 我常去大中服装店买衣服。那里的衣服很好看，也不太贵。
d) 我一般去大上海电影院看电影。我经常去那里看中国电影、美国电影和法国电影。
e) 我们下个周末会去北京饭店吃饭。

生词 2 27

❶ 收 (shōu) receive ❷ 件 (jiàn) document 收件人 (shōu jiàn rén) recipient

❸ 发 (fā) send out 发件人 (fā jiàn rén) sender ❹ 主 (zhǔ) main ❺ 题（題）(tí) topic 主题 (zhǔ tí) subject

❻ 货（貨）(huò) product 百货商店 (bǎi huò shāng diàn) department store ❼ 站 (zhàn) stop; station 地铁站 (dì tiě zhàn) subway station

❽ 隔 (gé) separate ❾ 壁 (bì) wall 隔壁 (gé bì) next door 电影院的隔壁是一个滑冰场。(diàn yǐng yuàn de gé bì shì yí ge huá bīng chǎng)

❿ 市 (shì) city ⓫ 心 (xīn) centre 中心 (zhōng xīn) centre 市中心 (shì zhōng xīn) city centre

⓬ 便 (biàn) convenient 方便 (fāng biàn) convenient 从我家坐地铁去市中心非常方便。(cóng wǒ jiā zuò dì tiě qù shì zhōng xīn fēi cháng fāng biàn)

⓭ 路 (lù) route ⓮ 巴士 (bā shì) bus

⓯ 钟（鐘）(zhōng) time (in hours and minutes) 分钟 (fēn zhōng) minute ⓰ 远（遠）(yuǎn) far

⓱ 离（離）(lí) away (from) 我家离爸爸的公司不远。(wǒ jiā lí bà ba de gōng sī bù yuǎn)

Grammar: Sentence Pattern: Noun$_1$ + 离 + Noun$_2$ + 很 / 不 + 远 / 近

⓲ 间 (jiān) between 中间 (zhōng jiān) between

⓳ 就 (jiù) exactly; as early as

我的学校就在公共汽车站和公园中间。(wǒ de xué xiào jiù zài gōng gòng qì chē zhàn hé gōng yuán zhōng jiān)

妈妈坐 28 路巴士上班，十五分钟就到了。(mā ma zuò lù bā shì shàng bān, shí wǔ fēn zhōng jiù dào le)

Grammar: a) "就" shows that the speaker thinks the action is early, fast.
b) Sentence Pattern: Subject + Time Word + 就 + Verb Phrase (+ 了)

生词教学

- 站：构词能力强，可以由"站"出发帮学生掌握地铁站、公共汽车站。还可以结合学生生活适当补充其他词语，如火车站、电车站。
- 综合复习学过的其他交通方式，如校车、电车、公共汽车、出租车、地铁、火车、飞机、船等。
- 可以利用录音、PPT和生词卡片练习生词。

教学建议

- 此题复习之前学过的“有”字句、“是”字句和“在”字句，在此基础上，让学生掌握“就”的意义和用法。
- 可以使用真实地图来做扩展练习。
- 可以请学生将“附近”“后面”“前面”“隔壁”“对面”“楼上”“楼下”“左边”“右边”这些表示相对位置的词语汇总记忆。

5 用所给结构看图说话

A. 结构：我家附近有一个大商场。

① 

商场
附近
足球场

商场附近有一个足球场。

② 
超市
后面
银行

超市后面有一家银行。

B. 结构：电影院隔壁是地铁站。

① 
饭店
楼上
书店

饭店楼上是书店。

② 
地铁站
对面
公共汽车站

地铁站对面是公共汽车站。

C. 结构：学校在医院前面。

① 
游泳池
百货商店
右边

游泳池在百货商店右边。

② 
服装店
鞋店
楼下

服装店在鞋店楼下。

D. 结构：学校就在公园右边。

① 

商场
电影院
对面

商场就在电影院对面。

② 
滑冰场
网球场
隔壁

滑冰场就在网球场隔壁。

80

6 模仿例子，看图说话

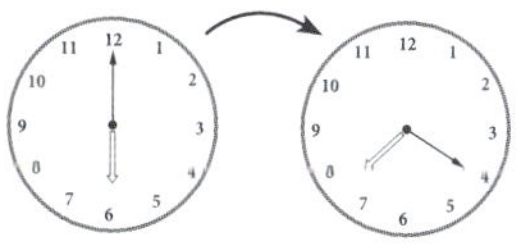

例子：

一个小时二十分钟

你可以用

a) 五分钟　十分钟

b) 一刻钟　三刻钟

c) 半个小时

d) 一个小时　两个小时

e) 一个小时十分钟　两个小时一刻钟

f) 一个半小时　两个半小时

①

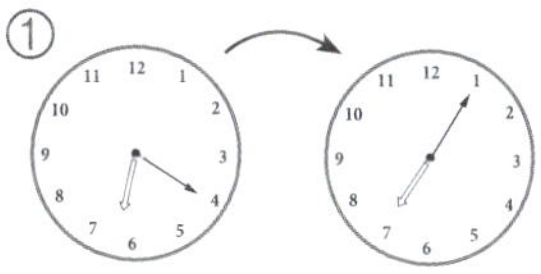

四十五分钟

②

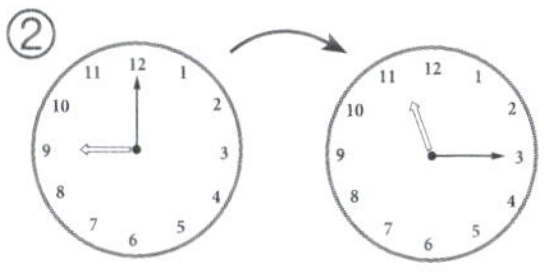

两个小时一刻钟

③

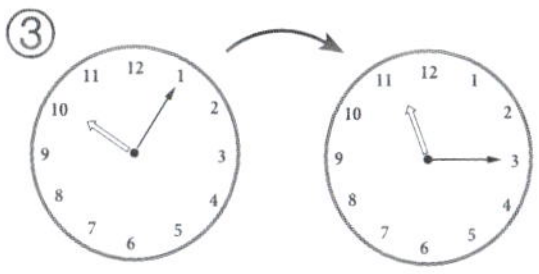

一个小时十分钟

④

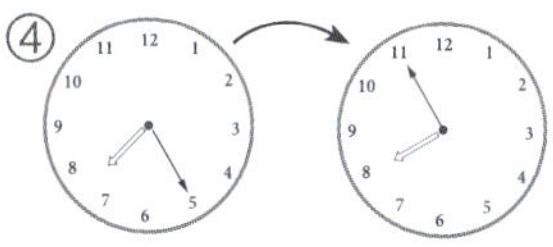

半个小时

⑤

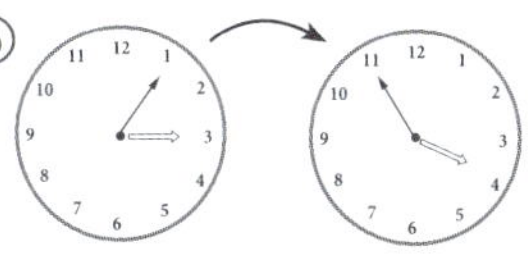

五十分钟

⑥

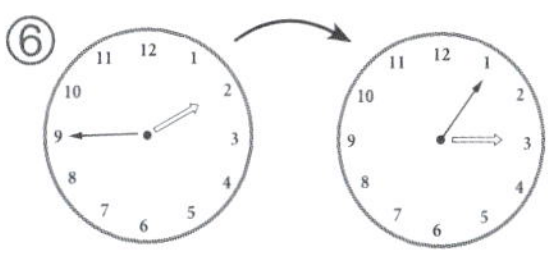

一个小时二十分钟

7 听课文录音，回答问题

1) 小雨家附近的商场有几层？
有两层。

2) 商场的一层有什么商店？
有百货商店和超市。

3) 商场的二层有什么商店？
有服装店、书店、饭店等。

4) 电影院在哪儿？
在商场的左边。

5) 她家离地铁站远吗？
不远（很近）。

6) 她妈妈每天怎么上班？
坐 28 路巴士上班。

7) 小雨的学校在哪儿？
在公共汽车站和公园中间。

8) 她每天怎么上学？
走路。

教学建议

- 可以要求学生先说出两个钟表所表示的时间，再说时间段。
- 在看图练习之后，可以使用教具钟表进一步练习。可以请学生来做小老师，调拨钟表的时针和分针。
- 可以结合此题练习语言点“离”，即给出从 A 地到 B 地的时间，让学生说说两地的距离远不远。

教学建议

- 可以利用听力练习导入课文。
- 提醒学生边听课文边做笔记。
- 学生回答听力问题时，老师可以就课文内容做补充，完成课文的展示、串讲。

第 7 题　补充练习

1. 小雨家是什么时候搬家的？
2. 她的新家附近有什么公共设施？
3. 滑冰场在哪儿？
4. 她家离爸爸的公司远吗？

教学建议

- 课文重点培养学生的书面语交际能力。
- 可以利用课文旁的图片作为提示，帮助学生复述课文。
- “我家离地铁站很近”段中含有本课的新语言点，应重点练习。
- 学生第一次接触电子邮件这种文体，应重点留意电邮的书写格式。

课文 2 28

shōu jiàn rén　wáng měi wén
收件人：王美文 mwwang@yahoo.com

fā jiàn rén　lǐ xiǎo yǔ
发件人：李小雨 xyli@gmail.com

zhǔ tí　wǒ men bān jiā le
主题：我们搬家了

ā yí
阿姨：

nín hǎo
您好！

wǒ men shàng ge zhōu mò bān jiā le　wǒ men de xīn jiā fù jìn yǒu yí ge dà shāngchǎng　shāngchǎng
我们上个周末搬家了。我们的新家附近有一个大商场。商场
yǒu liǎng céng　yī céng yǒu yì jiā bǎi huò shāng diàn hé yí ge dà chāo shì　èr céng yǒu fú zhuāng diàn
有两层：一层有一家百货商店和一个大超市。二层有服装店、
shū diàn　fàn diàn děngděng　shāngchǎng de xià miàn shì dì tiě zhàn　shāngchǎng de duì miàn shì yí ge dà gōng
书店、饭店等等。商场的下面是地铁站。商场的对面是一个大公
yuán　shāngchǎng de zuǒ bian yǒu yì jiā diàn yǐng yuàn　diàn yǐng yuàn de gé bì shì yí ge huá bīng chǎng
园。商场的左边有一家电影院。电影院的隔壁是一个滑冰场。

wǒ jiā lí dì tiě zhàn hěn jìn　cóng wǒ jiā zuò dì tiě qù shì zhōng xīn fēi cháng fāng biàn　wǒ jiā
我家离地铁站很近。从我家坐地铁去市中心非常方便。我家
lí gōnggòng qì chē zhàn yě tǐng jìn de　mā ma zuò　lù bā shì shàng bān　shí wǔ fēn zhōng jiù dào
离公共汽车站也挺近的。妈妈坐 28 路巴士上班，十五分钟就到
le　wǒ jiā lí bà ba de gōng sī yě bù yuǎn　wǒ de xué xiào jiù zài gōnggòng qì chē zhàn hé gōngyuán
了。我家离爸爸的公司也不远。我的学校就在公共汽车站和公园
zhōng jiān　fēi cháng jìn　wǒ měi tiān dōu zǒu lù shàng xué
中间，非常近。我每天都走路上学。

zhù hǎo
祝好！

xiǎo yǔ
小雨

8 用所给结构看图说话 见参考答案

A. 结构：我的学校就在公共汽车站和公园中间。
exactly

① 
书店
饭店
隔壁

② 
鞋店
服装店
楼上

③ 
学校
电影院
附近

④ 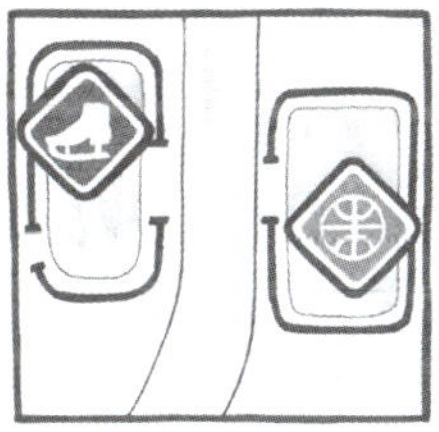
滑冰场
篮球场
对面

B. 结构：我家离地铁站很近，走路五分钟就到了。
as early as

① 
上海　香港
两个小时

② 
广州　香港
两个小时

③ 
我家　学校
一刻钟

④ 
我家　超市
五分钟

教学建议

- "就"表示 exactly 的用法之前已经练习过，此题可重点练习"就"表示 as early as 的用法。
- 可以结合学生家的实际情况进行练习。

第 8 题　参考答案

A: 1. 书店就在饭店隔壁。
2. 鞋店就在服装店楼上。
3. 学校就在电影与附近。
4. 滑冰场就在篮球场对面。

B: 1. 上海离香港不太远，坐飞机两个小时就到了。
2. 广州离香港很近，坐火车两个小时就到了。
3. 我家离学校不远，坐校车一刻钟就到了。
4. 我家离超市很近，走路五分钟就到了。

教学建议

- 可以请学生边做对话练习边记笔记。对话练习之后，请学生根据笔记内容重新组织语言，有条理地介绍同学家附近的情况。

第 9 题　补充练习

1. 你妈妈做什么工作？你家离妈妈的公司远吗？她每天怎么上班？
2. 你爸爸做什么工作？你家离爸爸的公司远吗？他每天怎么上班？

9 用所给问题编对话

1) 你家附近有什么公共设施？

2) 你家附近有大商场吗？那个商场里有什么商店？你喜欢那个商场吗？为什么？你在那个商场买过衣服吗？

3) 你家附近有百货商店吗？那家百货商店一共有几层？那里的东西贵吗？你常去那里买什么？

4) 你家附近有公园吗？你经常去那个公园吗？

5) 你家附近有电影院吗？你一般去电影院看中文电影还是英文电影？

6) 你家离地铁站远吗？你家离公共汽车站远吗？你一般怎么去市中心？

7) 你家离学校远吗？你每天怎么上学？

公园

足球场

饭店

市中心

商场

10 口头报告

Draw your neighbourhood and present it to class.

例子：

我家附近有一家大商场。商场里有书店、服装店、诊所等等。商场的下面有地铁站、公共汽车站和一家电影院。商场的对面有一所中学和一所小学。……

我很喜欢住在这里，因为……

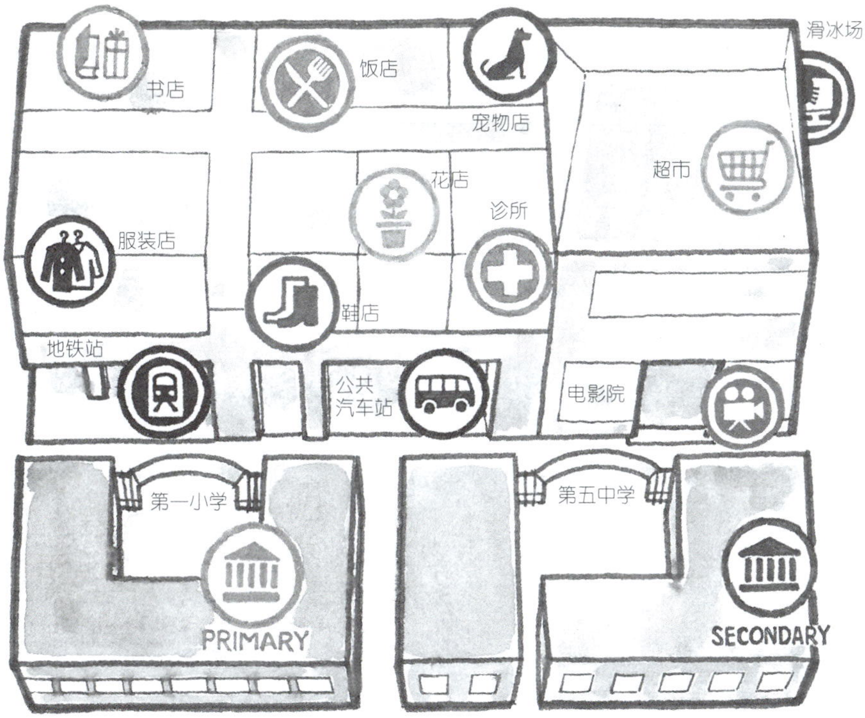

教学建议

- 老师可以先利用图片综合使用本课所学语言完善例子，给学生做听力练习。
- 可以请学生准备照片或 PPT，做正式的口头报告。还可以为学生的报告录像，放到班级网站上。
- 可以把口头报告改为书面写作练习，请学生参照课文的电邮书写规范给老师写电邮，介绍自家附近的情况。

第八课　我的新朋友

教学目标

1. 理解和使用“A 跟 B（不）一样”、“比”字句、情态补语。
2. 询问、介绍他人的外貌和爱好。
3. 写一篇关于他人国籍、外貌、性格、爱好的短文。
4. 对中国的饮食文化有初步了解。

教学重点

1. 生词重点：真、已经、滑雪
2. 短语重点：交朋友、拉小提琴、打排球、讲笑话、一节课、打羽毛球、打乒乓球
3. 语言点重点：A 跟 B（不）一样、“比”字句、情态补语
4. 交际重点：谈论他人的外貌和爱好，介绍朋友的基本情况。

教学提示

1. “比”字句

用来比较性质、程度的差别和高低。

结构： A+ 比 +B+ 形容词

A+ 动词 + 得 + 比 +B+ 形容词

示例： 姐姐比妹妹瘦。

她长得比我高。

注意：“比”字句中形容词前不可以加“很”“非常”等程度副词。

“A+ 比 +B+ 形容词”的否定式不是“A+ 不 + 比 +B+ 形容词”，而是“A+ 没有 +B+ 形容词”。

2. A 跟 B（不）一样

用来比较事物、性状的异同。

结构： A 跟 B 一样

A 跟 B 不一样

示例： 她的爱好跟我的一样。

他的爱好跟我的不一样。

注意：“跟”可以换成“和”。

3. 情态补语

情态补语常出现在动词后，用“得”引出动作的结果或者情态。

结构： 动词 + 得 +（不）形容词

动词 + 得 + 形容词 + 不 + 形容词?

动词 + 得 + 怎么样?

动词 + 宾语 + 动词 + 得 + 形容词

示例： 她长得很漂亮。

老师讲得清楚不清楚?

他们演得怎么样?

他踢足球踢得挺好的。

教学流程

1. 由于“比”字句和“A 跟 B（不）一样”为重点语法，建议在完成生词 1 教学后，重点讲练这两个语言点，之后再进行课文 1 的教学。
2. 由于情态补语为重点语法，建议在完成生词 2 教学后，重点讲练这个语言点，之后再进行课文 2 的教学。
3. 由于“……完……以后”较易掌握，可以在生词 2 教学中或者课文教学后讲练这个语言点。
4. 可以考虑分两个阶段完成生词 2 和课文 2 的教学。第一阶段讲练生词 1–9 和课文前两段，第二阶段讲练生词 10–19 和课文最后一段。

生词教学

- 注意本课出现了“真”的两个意思，一是“真实”，一是“的确”。
- 可以兼带复习学过的和音乐有关的表达，如“唱歌”“弹钢琴”等。
- 可以利用录音、PPT和生词卡片练习生词。

生词 1 (29)

1. 交 (jiāo) befriend　交朋友 (jiāo péng you) make friends　我今天交了一个新朋友。(wǒ jīn tiān jiāo le yí ge xīn péng you)
2. 真 (zhēn) true; really　真的吗？(zhēn de ma)　我真为你高兴！(wǒ zhēn wèi nǐ gāo xìng)
3. 班 (bān) class　同班 (tóng bān) classmate; be in the same class　她是不是你的同班同学？(tā shì bu shì nǐ de tóng bān tóng xué)
4. 同岁 (tóng suì) of the same age　她和我同岁。(tā hé wǒ tóng suì)
5. 比 (bǐ) than　她的头发比我的长。(tā de tóu fa bǐ wǒ de cháng)　她长得比我高。(tā zhǎng de bǐ wǒ gāo)

   Grammar: **Sentence Pattern: $Noun_1$ + 比 + $Noun_2$ + Adjective**
   $Noun_1$ + Verb + 得 + 比 + $Noun_2$ + Adjective

6. 卷（鬈）(juǎn) curl　卷发 (juǎn fà) curly hair　她有黑黑的卷发。(tā yǒu hēi hēi de juǎn fà)
7. 一样 (yí yàng) same
8. 跟 (gēn) as　她的爱好跟我的一样。(tā de ài hào gēn wǒ de yí yàng)

   Grammar: **Sentence Pattern: ... 跟 ...（不）一样**

9. 提 (tí) carry; lift　小提琴 (xiǎo tí qín) violin
10. 拉 (lā) play (musical instruments with bows)　拉小提琴 (lā xiǎo tí qín) play the violin
11. 彩 (cǎi) colour　水彩 (shuǐ cǎi) watercolour　水彩画 (shuǐ cǎi huà) watercolour painting
12. 国 (guó) national　国画 (guó huà) traditional Chinese painting
13. 油 (yóu) oil　油画 (yóu huà) oil painting
14. 排球 (pái qiú) volleyball　打排球 (dǎ pái qiú) play volleyball
15. 特 (tè) special
16. 别 (bié) difference　特别 (tè bié) special　她特别喜欢打篮球和打排球。(tā tè bié xǐ huan dǎ lán qiú hé dǎ pái qiú)
17. 笑 (xiào) laugh at　笑话 (xiào hua) joke
18. 讲（講）(jiǎng) say; tell　讲笑话 (jiǎng xiào hua) crack a joke
19. 啊 (a) a particle (used to express a casual tone)　好啊！(hǎo a)

1 用所给结构看图说话并写下来

结构：明彩的爱好跟张香的一样。

明彩的房间跟张香的不一样。

1) 明彩的书架跟张香的不一样。

2) 明彩的书包跟张香的不一样。

3) 明彩的衣柜跟张香的不一样。

4) 明彩的宠物跟张香的一样。

5) 明彩的手机跟张香的一样。

6) 明彩的毛衣跟张香的不一样。

教学建议

- 提示学生观察二人的手机、电脑、书包、书架、衣柜、椅子和桌子等。
- 让学生4人一组，在规定的时间里写句子，写出句子数量最多的小组获胜。

教学建议

- 先让学生掌握最基本的"比"字句，再练习带定语的用法，之后练习作补语的用法。
- 让学生每人都看图用"比"说一个句子，说过的句子不可以再说。

2 用所给结构完成句子

结构：她比我胖。

她的头发比我的长。

她长得比我高。

1) 妹妹 的头发比姐姐的短。

2) 姐姐的手 比哥哥的小。

3) 姐姐长得 比妹妹好看。

4) 哥哥长得 比姐姐高。

5) 妹妹 的嘴巴比姐姐的小。

6) 姐姐 长得比妹妹高。

7) 哥哥 比姐姐胖。

教学建议

- 可以利用听力练习导入课文。
- 提醒学生边听课文边做笔记。
- 可以加问一些额外的问题，给水平高的学生挑战。

第3题 补充练习

1. 美文的头发是什么颜色的？
2. 美文喜欢弹钢琴吗？

3 听课文录音，回答问题

1) 她和美文在一个班吗？
在。

2) 她和美文，谁长得高？
美文高。

3) 她和美文，谁的头发长？
美文的头发长。

4) 她的爱好跟美文的一样吗？
一样。

5) 美文喜欢画什么画儿？
水彩画、国画和油画。

6) 美文喜欢做什么运动？
打篮球和打排球。

7) 美文还喜欢做什么？
讲笑话。

8) 她什么时候请美文去她家玩？
这个周末。

课文 1

30

mā ma wǒ jīn tiān jiāo le yí ge xīn péng you tā jiào měi wén
妈妈，我今天交了一个新朋友。她叫美文。

zhēn de ma wǒ zhēn wèi nǐ gāo xìng
真的吗？我真为你高兴！

tā shì bu shì nǐ de tóng bān tóng xué
她是不是你的同班同学？

duì tā hé wǒ tóng bān hái hé wǒ tóng suì
对。她和我同班，还和我同岁。

tā zhǎng shén me yàng
她长什么样？

tā zhǎng de bǐ wǒ gāo tā de tóu fa bǐ wǒ de cháng tā yǒu hēi hēi de juǎn fà
她长得比我高。她的头发比我的长。她有黑黑的卷发。

tā yǒu shén me ài hào
她有什么爱好？

tā de ài hào gēn wǒ de yí yàng tā yě xǐ huan lā xiǎo tí qín huà shuǐ cǎi huà huà guó huà hé huà yóu huà tā tè bié xǐ huan dǎ lán qiú hé dǎ pái qiú tā hái hěn ài jiǎng xiào hua
她的爱好跟我的一样。她也喜欢拉小提琴、画水彩画、画国画和画油画。她特别喜欢打篮球和打排球。她还很爱讲笑话。

nǐ shén me shí hou qǐng tā lái wǒ men jiā wán
你什么时候请她来我们家玩？

zhè ge zhōu mò xíng ma
这个周末，行吗？

hǎo a wǒ hěn xiǎng jiàn yi jiàn tā
好啊！我很想见一见她。

89

教学建议

- 课文重点培养学生的口语交际能力。
- 可以在学完课文后让学生两人一组做角色扮演。

4 角色扮演

教学建议

- 鼓励学生参考"你可以用"中的内容做尽量多的介绍。
- 水平高的学生也可以不参考"例子"，编全新的对话。

Suppose you have made a new friend. Introduce your new friend to your mum. Make a conversation with your partner. You should include:

- his/her name, age and nationality
- his/her family
- language(s) he/she can speak
- his/her appearance
- his/her hobbies
- what he/she likes to eat and drink

例子：

你：妈妈，我今天交了一个新朋友。她叫……

妈妈：真的吗？她是你的同班同学吗？

你：……

妈妈：她是哪国人？

你：……。她长得很好看。……

妈妈：你请她来我们家玩吧！

你：好啊！我请她星期六下午来，行吗？我们可以先去打网球，然后……

妈妈：行。

你：她能不能在我们家吃晚饭？

……

你可以用

a) 她和我同岁。我们还是同班同学。
b) 她的脸圆圆的，眼睛大大的。
c) 她有长长的卷发。
d) 她的头发比我的长。
e) 她长得比我高，比我瘦。
f) 她的爱好跟我的一样。她也喜欢打排球和画水彩画。
g) 她特别喜欢运动。
h) 她喜欢弹钢琴和拉小提琴。
i) 她是独生女。
j) 她会说英语、德语和一点儿汉语。
k) 她特别喜欢吃比萨饼。

生词 2 31

1 xué nián 学年 academic or school year　2 kāi xué 开学 school starts

3 dì 第 a prefix (used to indicate ordinal numbers)　dì yī 第一 first　jīn tiān shì xīn xué nián kāi xué de dì yī tiān 今天是新学年开学的第一天。

4 dān 担(擔) take on　dān xīn 担心 feel anxious　wǒ zǎo shang qù xué xiào de shí hou yǒu diǎnr dān xīn 我早上去学校的时候有点儿担心。

5 jié 节 a measure word (used for lessons)　dì yī jié shì hàn yǔ kè 第一节是汉语课。

6 wán 完 finish　shàng wán hàn yǔ kè yǐ hòu, wǒ men yì qǐ qù shàng yīng yǔ kè 上完汉语课以后，我们一起去上英语课。

Grammar: a) "完" serves as the complement of result.
b) Sentence Pattern: Verb + 完 + Object + 以后，...

7 yǐ 已 already　8 jīng 经 pass through　yǐ jīng 已经 already

9 chéng 成 become　zhōng wǔ chī fàn de shí hou, wǒ men yǐ jīng chéng le péng you 中午吃饭的时候，我们已经成了朋友。　10 jiā ná dà 加拿大 Canada

11 liàng 亮 bright　piào liang 漂亮 beautiful　tā zhǎng de hěn piào liang 她长得很漂亮。

Grammar: a) "很漂亮" serves as the complement of degree.
b) Pattern: Verb + 得 + Complement of Degree

12 gè zi 个子 height　13 zhí 直 straight　14 rè xīn 热心 warm-hearted; enthusiastic　xiǎo yīng zi shì yí ge rè xīn rén 小英子是一个热心人。

15 xiāng 相 each other　xiāng tóng 相同 same　wǒ men yǒu xiāng tóng de ài hào 我们有相同的爱好。

16 yǔ 羽 feather　17 máo 毛 feather　yǔ máo 羽毛 feather　yǔ máo qiú 羽毛球 badminton　dǎ yǔ máo qiú 打羽毛球 play badminton

18 pīng pāng 乒乓 table tennis　pīng pāng qiú 乒乓球 table tennis　dǎ pīng pāng qiú 打乒乓球 play table tennis

19 huá xuě 滑雪 ski　tā huá xuě huá de tǐng hǎo de 她滑雪滑得挺好的。

Grammar: a) "挺好的" serves as the complement of degree.
b) Pattern: Verb + Object + Verb + 得 + Complement of Degree

生词教学

- 已经：和动词、形容词搭配使用，后面多有"了""过"。
- 兼带复习学过的和体育运动有关的表达，如"游泳""打网球""打冰球""滑冰""跑步""踢足球"等。
- 可以利用录音、PPT和生词卡片练习生词。

教学建议

- 根据图片和提示词完成句子之后，可以请学生说说自己的生活习惯，如“吃完早饭以后，我去上学。”
- 还可以做句子接龙游戏。如“吃完早饭以后，爷爷去散步。”“散完步以后，爷爷去买菜。”……
- 提示学生“散步”“睡觉”等离合词中“完”的位置。

5 用所给结构看图说话

结构：上完汉语课以后，我们去上英文课。

① 

吃早饭
爷爷
散步

每天吃完早饭以后，爷爷去散步。

② 

吃午饭
奶奶
睡觉

每天吃完午饭以后，奶奶去睡觉。

③ 

做作业
明明
看电视

做完作业以后，明明去看电视。

④ 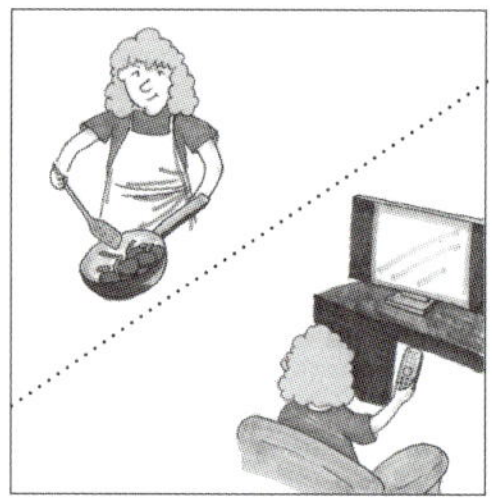

做晚饭
妈妈
看电视

做完晚饭以后，妈妈去看电视。

⑤ 

吃晚饭
爸爸
看书

吃完晚饭以后，爸爸去看书。

⑥ 

上钢琴课
哥哥
踢足球

上完钢琴课以后，哥哥去踢足球。

6 用所给结构看图说话 见参考答案

结构：他长得很高。　　他打篮球打得很好。

她长得很漂亮。　　她滑雪滑得很好。

①  画油画

④  打乒乓球

②  拉小提琴

⑤  弹钢琴

③  画国画

⑥  游泳

7 听课文录音，回答问题 见参考答案

1) 为什么她早上有点儿担心？

2) 她今天第一节是什么课？

3) 小英子是在哪儿出生的？

4) 小英子长得怎么样？

5) 她和小英子，谁的个子高？

6) 小英子喜欢做什么运动？

7) 小英子从几岁开始滑雪？

8) 小英子滑雪滑得怎么样？

教学建议

- 先让学生掌握不带宾语时情态补语的用法，之后练习带宾语时情态补语的用法。
- 学生根据图片和提示词完成句子之后，可以说说实际生活中谁擅长或不擅长这些活动。

第 6 题 补充练习

1. 在我们班，谁长得高？
2. 在我们班，谁长得漂亮？
3. 在我们班，谁长得帅？

教学建议

- 可以利用听力练习导入课文。
- 提醒学生边听课文边做笔记。
- 学生回答听力问题时，老师可以就课文内容做适量补充，完成课文的展示、串讲。

第 6 题 参考答案

1. 她画油画画得特别好。
2. 她拉小提琴拉得很好。
3. 他画国画画得很好。
4. 她打乒乓球打得很好。
5. 他弹钢琴弹得很好。
6. 他游泳游得很快。

第 7 题 参考答案

1. 因为她在这个学校还没有朋友。
2. 汉语课。
3. 加拿大。
4. 很漂亮。
5. 她的个子高。
6. 打羽毛球、打乒乓球和滑雪。
7. 五岁。
8. 挺好的。

教学建议

- 课文重点培养学生的书面语交际能力。
- 可以在学完课文后展示拿走了重点词语的课文，让学生完型填空。
- 课文第三段是对朋友的描述，应该重点练习。

课文 2 32

jīn tiān shì xīn xué nián kāi xué de dì yī tiān wǒ zǎo shang qù xué xiào de shí hou yǒu
今天是新学年开学的第一天。我早上去学校的时候有
diǎnr dān xīn yīn wèi wǒ zài zhè ge xué xiào hái méi yǒu péng you
点儿担心，因为我在这个学校还没有朋友。

dì yī jié shì hàn yǔ kè zuò zài wǒ páng biān de tóng xué jiào xiǎo yīng zi shàng wán
第一节是汉语课。坐在我旁边的同学叫小英子。上完
hàn yǔ kè yǐ hòu wǒ men yì qǐ qù shàng yīng yǔ kè zhōng wǔ chī fàn de shí hou wǒ
汉语课以后，我们一起去上英语课。中午吃饭的时候，我
men yǐ jīng chéng le péng you
们已经成了朋友。

xiǎo yīng zi shì zài jiā ná dà chū shēng zhǎng dà de tā zhǎng de hěn piào liang tā
小英子是在加拿大出生、长大的。她长得很漂亮。她
de gè zi bǐ wǒ de ǎi tā yǒu cháng cháng de zhí fà tā de tóu fa hēi hēi de xiǎo
的个子比我的矮。她有长长的直发。她的头发黑黑的。小
yīng zi shì yí ge rè xīn rén wǒ men yǒu xiāng tóng de ài hào wǒ men dōu xǐ huan dǎ yǔ
英子是一个热心人。我们有相同的爱好。我们都喜欢打羽
máo qiú hé dǎ pīng pāng qiú tā hái xǐ huan huá xuě tā cóng wǔ suì kāi shǐ huá xuě tā
毛球和打乒乓球。她还喜欢滑雪。她从五岁开始滑雪。她
shuō tā huá xuě huá de tǐng hǎo de
说她滑雪滑得挺好的。

8 用所给问题编对话

1) 你是哪国人？你是在哪儿出生的？是在哪儿长大的？

2) 你会说什么语言？你是从什么时候开始学汉语的？

3) 你家有几口人？你家有谁？

4) 你爸爸妈妈都工作吗？你爸爸每天几点上班？他每天怎么上班？

5) 你家离学校远吗？你每天怎么上学？

6) 你每天上几节课？你每个星期有几节汉语课？

7) 你星期一第一节是什么课？

8) 你每天都有作业吗？你一般做几个小时作业？

9) 你有几个好朋友？他们是哪国人？介绍一下你最好的朋友。

10) 你有什么爱好？

11) 你喜欢运动吗？你最喜欢做什么运动？

12) 你喜欢画画儿吗？你会画油画吗？你画得怎么样？

13) 你会拉小提琴吗？你是从什么时候开始学拉小提琴的？你拉小提琴拉得怎么样？

介绍：introduce

教学建议

- 学生两人一组做对话练习。练习后可以请学生表演对话，也可以请学生将对话体改为叙述体，根据对话练习的信息介绍同组同学。

教学建议

- 如果学生采访学校高年级的学生不方便操作，可以将此练习改为听力练习。老师根据问题编写文本后朗读，学生听后回答问题。
- 编写听力文本时可以使用"你可以用"中的句子。

9 角色扮演

Interview one of the senior students in your school using the questions suggested.

1) 你叫什么名字？

2) 你上几年级？

3) 你是在哪儿出生的？是在哪儿长大的？

4) 你家有几口人？你家有谁？

5) 你爸爸妈妈都工作吗？他们做什么工作？他们工作忙吗？

6) 你爸爸妈妈学过汉语吗？

7) 你会说什么语言？

8) 你是从什么时候开始学汉语的？你喜欢学汉语吗？

9) 从星期一到星期五，你一般几点起床？几点睡觉？

10) 你有什么爱好？

11) 你养过宠物吗？养过什么宠物？

12) 介绍一下你最好的朋友。

你可以用

a) 我是在美国出生的，但是在中国长大的。
b) 我爸爸工作，他是商人。我妈妈不工作，她是家庭主妇。
c) 我爸爸工作很忙。他差不多每个月都出差。
d) 我爸爸学过汉语，但是他说汉语说得不太好。
e) 我会说英语、汉语和一点儿西班牙语。
f) 从星期一到星期五，我一般早上六点半起床，晚上十点睡觉。
g) 我有很多爱好。我特别喜欢打篮球。我打篮球打得挺好的。
h) 我小时候养过宠物。我养过一只狗。它又聪明又可爱。我非常喜欢它。
i) 我最好的朋友叫常舒。她和我同岁。
j) 她长得高高的、瘦瘦的。她有长长的卷发。

10 口头报告

Introduce one of your long-time good friends. You should include:

- his/her name, age and nationality
- where he/she was born and grew up
- where he/she is now
- his/her appearance
- his/her hobbies
- what you did when you were together

例子：

这是我的好朋友张小非。他今年十三岁，上八年级。我们以前上同一所小学。

张小非的爸爸是美国人，妈妈是中国人。他是在新加坡出生的，但是在香港长大的。他以前住在香港，现在住在美国。

他长得不高也不矮，不胖也不瘦。……

你可以用

a) 他是在德国出生、长大的。
b) 她现在住在日本。
c) 她长得很漂亮。她的个子高高的，头发长长的。
d) 他个子不太高，但是打篮球打得非常好。
e) 她活泼、好动，还很聪明。
f) 她是一个热心人。
g) 我们有相同的爱好。我们都喜欢打乒乓球。
h) 她也非常喜欢养宠物。她家养了一只猫和一只狗。
i) 他的爱好是游泳和打冰球。
j) 我们常常一起看电影、听音乐、踢足球。

教学建议

- 要求学生选择非班上的同学进行介绍。除了选择真实生活中的朋友之外，还可以介绍自己想象中的朋友或者名人。
- 可以请学生准备照片或PPT，做正式的口头报告。还可以给学生的报告录像，放到班级网站上。

第九课　我给朋友打电话

教学目标

1. 理解和使用结果补语“好”、“给”引导的介词短语。
2. 掌握打电话和电邮中的常用表达。
3. 对北京的气候有初步了解。

教学重点

1. 生词重点：要、给、参观、得、天天
2. 短语重点：没问题、打电话、发电邮、回电邮
3. 语言点重点：结果补语“好”
4. 交际重点：打电话，发电邮，谈论计划，谈论某地的气候及可以进行的活动。

教学提示

结果补语“好”

表示动作完成并达到较好的、令人满意的状态。

结构： 动词 + 好

没 + 动词 + 好

示例： 来吃饭吧！晚饭做好了。

请等一等，我现在没准备好。

注意： 结果补语“好”与“完”不同。“完”仅表示事情结束。

教学流程

1. 建议学习生词 1 后，结合练习让学生熟练掌握“给……打电话 / 发电邮”，兼带复习、总结之前学过的“给……VP”的用法。
2. 建议将结果补语“好”放到课文 1 中讲解，有具体的语境方便学生理解。
3. 课文 2 中没有新的语言点，在学习生词 2、复习语言点之后，可以重点练习写电子邮件。

第九课　我给朋友打电话

生词教学

- 要：兼带复习“会”。二者都表示“将要”，“会”侧重于表示事情发生的可能性。
- 给：注意区别“给”表示for的用法。可以兼带复习“给……看病/量体温/开药/开病假条/洗澡”等搭配。
- 可以利用录音、PPT和生词卡片练习生词。

生词 1 33

1. wèi 位 a measure word (used for people in a polite manner)　nǐ shì nǎ yí wèi 你是哪一位？
2. zhǎo 找 look for; find
3. shì 事 matter　nǐ zhǎo tā yǒu shì ma 你找她有事吗？
4. jí 急 urgent　jí shì 急事 urgent matter
5. huí lái 回来 return
6. bù 部 a measure word (used for movies, books, etc.)
7. liǎ 俩（倆）two　wǒ men liǎ shuō hǎo hòu tiān qù kàn yí bù xīn diànyǐng 我们俩说好后天去看一部新电影。

   Grammar: **“好” serves as the complement of result.**
8. gào 告 tell
9. sù 诉（訴）tell　gào su 告诉 tell　qǐng gào su tā wǒ bù néng gēn tā qù kàn diànyǐng le 请告诉她我不能跟她去看电影了。
10. yào 要 will　wǒ míng tiān yào gēn mā ma qù shàng hǎi 我明天要跟妈妈去上海。
11. zhī 知 know
12. dào 道 reason　zhī dào 知道 know　wǒ bù zhī dào shén me shí hou huí lái 我不知道什么时候回来。
13. wèn tí 问题 problem　méi wèn tí 没问题 no problem
14. dǎ 打 send　dǎ diàn huà 打电话 make a phone call
15. gěi 给 to　wǒ ràng tā gěi nǐ dǎ diàn huà 我让她给你打电话。
16. yóu 邮（郵）mail　diàn yóu 电邮 E-mail　fā diàn yóu 发电邮 send an E-mail　nǐ kě yǐ gěi tā fā diàn yóu 你可以给她发电邮。

    Grammar: **Pattern: 给 ... 发电邮 / 打电话**

1 看图说话 见参考答案

A. Actions happen on a regular basis

①  每天 朋友 发电邮

②  每个星期 小狗 洗澡

B. Actions that happened in the past

① 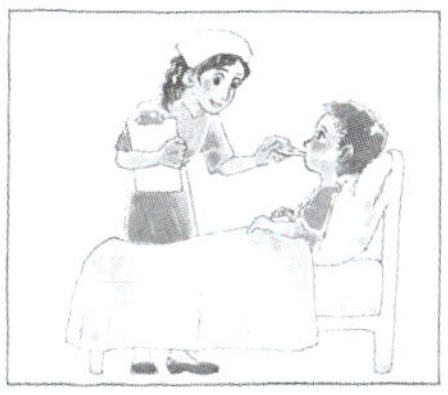 护士 量 体温

②  医生 开 感冒药

③  医生 开 病假条

C. Actions that will happen in the future

①  明天 哥哥 打电话

②  今天晚上 我 做小笼包

③  一会儿 弟弟 看病

教学建议

- 可以使用相同的图片来练习不同时态的表达。比如请学生看 A 的两幅图练习完成态的表达。
- 提醒学生注意“给”的意思的区别。
- 提醒学生注意有“每”时，多数情况要使用“都”。
- 提醒学生注意表示过去发生时“了”应该放在动词后面，而表示将来发生时“要”应该放在“给”前面。

第 1 题 参考答案

A: 1. 她每天都给朋友发电邮。
2. 他每个星期都给小狗洗澡。

B: 1. 护士给他量了体温。
2. 医生给她开了感冒药。
3. 医生给他开了病假条。

C: 1. 他明天要给哥哥打电话。
2. 今天晚上奶奶要给我做小笼包。
3. 医生一会儿要给弟弟看病。

教学建议

- 应该在学生熟练掌握“给……VP”之后再练习其在兼语句中的用法。
- 如果学生水平较低，可以分两步，先完成后半句，再来说整个句子。
- 可以请学生总结一下练习 1、2 中“给……VP”的搭配。

2 用所给结构看图说话

结构：妈妈让王医生给我看病。

① 姐姐 发电邮

妈妈让我给姐姐发电邮。

② 哥哥 开病假条

妈妈让医生给哥哥开病假条。

③ 小狗 洗澡

妈妈让弟弟给小狗洗澡。

④ 弟弟 买一双袜子

妈妈让姐姐给弟弟买一双袜子。

⑤ 外婆 做面条

妈妈让姐姐给外婆做面条。

⑥ 爷爷 打电话

妈妈让他给爷爷打电话。

教学建议

- 可以利用听力练习导入课文。
- 提醒学生边听课文边做笔记。
- 可以加问一些额外的问题，给水平高的学生挑战。

3 听课文录音，回答问题

1) 小琴打电话找谁？
小英子。
2) 小英子在家吗？
不在家。
3) 小英子去北京做什么？
看奶奶。
4) 小英子什么时候回来？
后天。
5) 小琴和小英子说好后天一起做什么？
看一部新电影。
6) 小琴什么时候去上海？
明天。
7) 小琴要跟谁一起去上海？
妈妈。
8) 小琴什么时候回来？
不知道什么时候。

第 3 题　补充练习

1. 接电话的人是谁？
2. 小琴为什么要去上海？
3. 小英子回来以后会做什么？

课文 1

34

qǐng wèn xiǎo yīng zi zài jiā ma
请问，小英子在家吗？

tā bú zài jiā nǐ shì nǎ yí wèi
她不在家。你是哪一位？

wǒ shì tā de tóng xué xiǎo qín nǐ shì tā jiě jie ma
我是她的同学小琴。你是她姐姐吗？

duì nǐ zhǎo tā yǒu shì ma
对。你找她有事吗？

méi yǒu jí shì tā shén me shí hou huí lái
没有急事。她什么时候回来？

tā qù běi jīng kàn nǎi nai le hòu tiān huí lái
她去北京看奶奶了，后天回来。

wǒ men liǎ shuō hǎo hòu tiān qù kàn yí bù xīn diàn yǐng qǐng gào su
我们俩说好后天去看一部新电影。请告诉
tā wǒ bù néng gēn tā qù le yīn wèi wǒ míng tiān yào gēn mā ma
她我不能跟她去了，因为我明天要跟妈妈
qù shàng hǎi wǒ bù zhī dào shén me shí hou huí lái
去上海。我不知道什么时候回来。

méi wèn tí tā huí lái yǐ hòu wǒ ràng tā gěi nǐ dǎ
没问题！她回来以后，我让她给你打
diàn huà nǐ yě kě yǐ gěi tā fā diàn yóu
电话。你也可以给她发电邮。

hǎo xiè xie
好。谢谢！

bú kè qi zài jiàn
不客气。再见！

教学建议

- 课文重点培养学生的口语交际能力。
- 提炼课文中打电话的惯用语。反复练习，让学生牢记，并在打电话时使用。
- 可以在学完课文后让学生两人一组做角色扮演。可以借助道具，营造打电话的场景。

教学建议

- 与课文不同，此处的角色扮演主要是使用手机打电话的对话。
- 在让学生分组角色扮演前，应先带学生朗读，提醒学生注意用手机打电话的惯用语。
- 角色扮演时，可以让一个学生在教室外，一个学生在教室内，通过手机免提来做对话练习。

4 角色扮演

You call your friend back to arrange an activity. Use the conversation below as an example.

小琴，你回来了！

对，我是今天下午四点到家的。

你在上海玩得开心吗？

挺开心的。你找我有事吗？

我们明天下午一起去滑冰吧！

对不起，明天下午我不能跟你去滑冰。明天中午我爷爷奶奶来我家，晚上我们要一起吃饭。

明天下午你出来玩，不行吗？

不行。我爸爸妈妈不让我明天出去玩，因为我已经两个月没有见到爷爷奶奶了。

那好吧。我们下个周末去吧！

好。再见！

生词 2 35

❶ qīn 亲（親）close　qīn ài 亲爱 dear　❷ jià 假 holiday　jià qī 假期 holiday

❸ dù 度 spend (time)　dù jià 度假 spend one's vacation

❹ hán 寒 cold　hán lěng 寒冷 cold　wǒ zhī dào nǐ bù xǐ huan hán lěng de tiān qì 我知道你不喜欢寒冷的天气。

hán jià 寒假 winter holiday　wǒ men xué xiào shí èr yuè èr shí èr hào kāi shǐ fàng hán jià 我们学校十二月二十二号开始放寒假。

❺ shǔ 暑 heat　shǔ jià 暑假 summer holiday

❻ suàn 算 plan　dǎ suàn 打算 plan　qǐng gào su wǒ nǐ de dǎ suàn 请告诉我你的打算。

❼ guò 过 spend (time)　zhè ge jià qī nǐ dǎ suàn zěn me guò 这个假期你打算怎么过？

❽ běi jīng dà xué 北京大学 Beijing University　❾ dāi 待 stay　wǒ huì zài nà li dāi liǎng zhōu 我会在那里待两周。

❿ yīng 应（應）should　⓫ gāi 该（該）should　yīng gāi 应该 should　wǒ jué de nǐ yīng gāi gēn wǒ yì qǐ qù 我觉得你应该跟我一起去。

⓬ guān 观（觀）look at　cān guān 参观 visit

⓭ yóu 游（遊）travel　⓮ lǎn 览（覽）see; view　yóu lǎn 游览 tour

wǒ men kě yǐ yì qǐ xué hàn yǔ, hái kě yǐ zài běi jīng cān guān yóu lǎn 我们可以一起学汉语，还可以在北京参观游览。

⓯ děi 得 have to　⓰ gǎn 赶（趕）hurry　⓱ kuài 快 hurry (up)　gǎn kuài 赶快 hurry up

⓲ bào míng 报名 sign up　nǐ děi gǎn kuài bào míng 你得赶快报名。

⓳ tiān tiān 天天 every day　⓴ dài 戴 wear (accessories)　nǐ děi tiān tiān dài mào zi、wéi jīn hé shǒu tào 你得天天戴帽子、围巾和手套。

㉑ huí 回 reply　huí diàn yóu 回电邮 reply to an E-mail

生词教学

- 参观：宾语是地方，不能是人。
- 得：表达否定时要用“不用”。
- 天天：可以扩展介绍“人人”“家家”。
- 可以利用录音、PPT和生词卡片练习生词。

教学建议

- 学生根据图片和提示词完成句子之后，老师可以给出新的时间，请学生说新句子，充分练习时量补语。
- 可以使用相同的图片练习不同时态的表达。
- “跑步”“滑雪”为离合词，提醒学生注意时量补语的位置。

5 模仿例子，看图说话

A. Actions that will happen in the future

美国
一个月

例子：外公外婆要在美国住一个月。

① 

家
一个星期

妈妈要在家休息一个星期。

② 

北京
两年

爸爸要在北京工作两年。

③ 

上海
十天

哥哥要在上海学习十天。

B. Actions that happened in the past

病
两天

例子：她病了两天。

① 

打乒乓球
半天

他打了半天乒乓球。

② 

踢足球
两个小时

他们踢了两个小时足球。

③ 

学汉语
五年

她学了五年汉语。

④ 

跑步
一个小时

她跑了一个小时步。

⑤ 

滑雪
三个小时

他滑了三个小时雪。

104

6 用所给结构完成句子

结构：爸爸说我得去医院看病。

1) 妈妈说我应该十点以前 睡觉。

2) 哥哥说 他想去打羽毛球。

3) 姐姐说 她可以给爸爸发电邮。

4) 爷爷告诉我 他下个月得搬家。

5) 奶奶告诉我 她要去看病。

6) 王医生说 我要多休息。

7) 李老师说 我应该学汉语。

你可以用

a) 想　会　要　得
应该　可以

b) 看病　打羽毛球
睡觉　做作业
工作　学汉语
搬家　发电邮
休息　度假
待　玩　住

7 听课文录音，回答问题

1) 李乐的学校什么时候开始放寒假？
十二月二十二号。

2) 李乐这个寒假会去做什么？
去北京大学学汉语。

3) 李乐会在北京待几周？
两周。

4) 为什么李乐觉得小雨也应该去北京？
可以一起学汉语，还可以在北京参观游览。

5) 如果小雨这个寒假想去北京学汉语，他应该做什么？
赶快报名。

6) 北京的冬天天气怎么样？
很冷。

7) 小雨喜欢冬天吗？为什么？
不喜欢。

8) 如果小雨这个寒假不去北京，他可以什么时候去？
明年暑假。

教学建议

- 可以规定学生每人都要使用给出的结构和“你可以用”中的词语说一个句子，其他同学用过的词语不可以再用。
- “你可以用”中的词语都练习完后，可以给出其他情景，请学生自由造句。

第6题　补充练习

1. 晚上十一点，哥哥还在看电视，妈妈说……
2. 第二天考试，哥哥的成绩不好，老师说……

教学建议

- 可以利用听力练习导入课文。
- 可以加问一些额外的问题，给水平高的学生挑战。
- 提醒学生边听课文边做笔记。
- 学生回答听力问题时，老师可以就课文内容做适量补充，完成课文的展示、串讲。

第7题　补充练习

1. 如果小雨也去北京，他们可以一起做什么？
2. 如果你是小雨，你这个假期和李乐一起去北京吗？
3. 你为什么去 / 不去？

教学建议

- 课文重点培养学生的书面语交际能力。
- 可以在学完课文后给学生发工作纸，以电邮的形式呈现拿走了重点词语的课文，让学生两人一组做完型填空。
- 这是学生第二次接触电子邮件这种文体。除了带学生复习电邮的书写格式之外，还要提醒学生注意电邮开头和结尾的写法。

课文 2 (36)

shōu jiàn rén　zhāng xiǎo yǔ
收件人：张小雨 xyzhang@hotmail.com

fā jiàn rén　lǐ lè
发件人：李乐 lile123@gmail.com

zhǔ tí　hán jià huó dòng
主题：寒假活动

qīn ài de xiǎo yǔ
亲爱的小雨：

nǐ hǎo
你好！

wǒ men xué xiào shí èr yuè èr shí èr hào kāi shǐ fàng hán jià　nǐ men xué xiào ne　zhè ge jià qī nǐ dǎ suàn zěn me guò　nǐ huì qù dù jià ma
我们学校十二月二十二号开始放寒假。你们学校呢？这个假期你打算怎么过？你会去度假吗？

zhè ge jià qī wǒ yào qù běi jīng dà xué xué hàn yǔ　wǒ huì zài nà li dāi liǎng zhōu　wǒ jué de nǐ yīng gāi gēn wǒ yì qǐ qù　wǒ men kě yǐ yì qǐ xué hàn yǔ　hái kě yǐ zài běi jīng cān guān yóu lǎn　rú guǒ nǐ xiǎng qù　děi gǎn kuài bào míng
这个假期我要去北京大学学汉语。我会在那里待两周。我觉得你应该跟我一起去。我们可以一起学汉语，还可以在北京参观游览。如果你想去，得赶快报名。

tīng shuō běi jīng de dōng tiān hěn lěng　děi tiān tiān dài mào zi　wéi jīn hé shǒu tào　wǒ zhī dào nǐ bù xǐ huan hán lěng de tiān qì　rú guǒ nǐ zhè ge hán jià bú qù　kě yǐ míng nián shǔ jià qù
听说北京的冬天很冷，得天天戴帽子、围巾和手套。我知道你不喜欢寒冷的天气。如果你这个寒假不去，可以明年暑假去。

qǐng huí diàn yóu gào su wǒ nǐ de dǎ suàn
请回电邮告诉我你的打算。

zhù hǎo
祝好！

lǐ lè
李乐

8 模仿例子，看图填空 见参考答案

例子：一双黑色的鞋子

1) ________ 校服　2) ________ 皮鞋　3) ________ 连衣裙

4) ________ 围巾　5) ________ 裙子　6) ________ T恤衫

7) ________ 毛衣　8) ________ 短裤　9) ________ 牛仔裤

10) ________ 帽子　11) ________ 袜子　12) ________ 运动鞋

13) ________ 手套　14) ________ 长裤　15) ________ 足球袜

教学建议

- 学生分小组比赛，最快完成的组获胜。
- 除了练习量词和颜色词之外，还可以复习动词搭配，如“穿、戴”等。

第8题 参考答案

1. 一套蓝色的
2. 一双白色的
3. 一条粉色的
4. 一条粉色的
5. 一条黄色/红色的
6. 两件黄色的
7. 一件紫色的
8. 一条白色的
9. 两条橙色的/一条棕色的
10. 两顶蓝色的
11. 两双蓝色的
12. 一双白色的
13. 一副黄色的
14. 两条蓝色的
15. 一双蓝色的

教学建议

- 可以在学完课文 2 后紧接着做角色扮演。
- 可以由老师扮演李乐，学生扮演小雨进行对话，并就对话内容向其他学生提问。
- 可以做写作练习，请学生扮演小雨，写下自己的假期计划。
- 请学生课后依据课上练习给李乐回电邮。提醒学生注意电邮的书写方式。

9 角色扮演

Suppose you are Xiaoyu（小雨）, complete the conversation with Li Le（李乐）.

李乐，我看了你的电邮。我们学校也十二月二十二号放寒假。

这个寒假你打算怎么过？

我要去上海看我外公外婆。

上海的冬天天气怎么样？

……

你每年都去看外公外婆吗？你跟谁一起去？会在那里待多长时间？

……

明年暑假你会去北京吗？

……

你去过北京吗？

……

你打算在北京待几周？你会在那里学汉语吗？

……

10 口头报告

1) Search on the Internet, find out the weather conditions of the four seasons of Guizhou (贵州 guì zhōu).

春天：

夏天：

秋天：

冬天：

2) Answer the following questions.

- 如果你春天去贵州，你要带什么衣服？
- 如果你夏天去贵州，你要带什么衣服？
- 如果你冬天去贵州，你要带什么衣服？

3) Suppose you are going to Guizhou for a short trip over the summer holiday, find out:

- special foods you must eat
- famous tourist attractions
- means of public transportation

(give 2 or 3 examples for each item)

4) Report back to class about your plan for a short trip to Guizhou.

教学建议

- 以小组为单位准备口头报告。小组成员要有明确的分工，保证每人都参与其中。
- 不同的小组可以介绍不同的地方。各小组所介绍的地方可以抽签决定，也可以请学生自行决定。
- 学生可以借鉴、使用课文 2 中介绍北京汉语学习项目的语言。
- 可以请学生准备照片或 PPT，做正式的口头报告。还可以为学生的报告录像，放到班级网站上。

第十课　我的新学校

教学目标

1. 掌握"多""大约""左右""好几"等约数表达方法。
2. 理解和使用"对"引进动作、行为的对象，掌握副词"到处"。
3. 复习"总是、经常、有时候、一般""跟……"等。
4. 口头介绍自己的学校，包括学校概况、对校园的评价、日常活动安排等。
5. 写邮件向朋友介绍新学校的概况、与师生的关系以及日常安排。

教学重点

1. 生词重点：大约、哪些、中式、西式
2. 短语重点：半个钟头、中式饭菜、西式饭菜、好几个朋友
3. 语言点重点：多、到处、好几
4. 交际重点：介绍新学校的概况并对其作出评价，谈论自己的日常活动安排。

教学提示

1. 多

表示不确定的约数。

结构： 数词 + 多 + 量词 + 名词

示例： 十多张桌子

两百多个人

看了五十多本书

注意： 该结构中数词是十位以上的整数，"多"表示这个整位数以下的零数。

2. 到处

表示所指的动作或状态的所有范围，即"任何地方"。

结构： 处所 + 到处 + 都

示例：商场里到处都是人。

房间里到处都是衣服。

注意：一般情况下，“到处”和“都”搭配使用。

3. 好几

表示一些，在说话人看来数量不少。

结构：好几 + 量词 + 名词

示例：今天中午我吃了好几块披萨。

他今天学了好几首中文歌。

教学流程

1. 建议老师结合练习 1 的校园地图导入本课话题，进入生词 1 的学习。结合练习 2 复习约数的不同表达。
2. 学习课文 1，结合练习 3 听录音回答问题。然后结合练习 4 模仿课文做角色扮演。
3. 建议先学习生词 2 和语言点 2、3，再听课文回答问题，完成编对话和口头报告等练习。
4. 建议在讲练课文 2 时带领学生总结信件写作的格式。

第十课　我的新学校

生词教学

- 本课涉及表达约数的几种方法，分别是“多”“大约”“左右”，讲解后可结合练习 2 进行扩展。
- **馆**：本课出现了“图书馆”“体育馆”，还可以适当扩展，如“饭馆、茶馆、咖啡馆”等。
- **哪些**：疑问代词，表示“哪一些”。
- 可以利用录音、PPT 和生词卡片练习生词。

生词 1 37

❶ xué yuàn 学院 college; academy　❷ jì 际（際）between　guó jì 国际 international

wǒ de xīn xué xiào shì yì suǒ guó jì xué xiào 我的新学校是一所国际学校。

❸ duō 多 more; over　wǒ men xué xiào yǒu yì qiān liǎng bǎi duō ge xué shēng 我们学校有一千两百多个学生。

Grammar: “多” is used to show an approximate number.

❹ lǐ 礼（禮）ceremony　❺ táng 堂 hall　lǐ táng 礼堂 assembly hall

❻ jiào 教 teach　jiào xué 教学 teaching　jiào xué lóu 教学楼 classroom building

❼ shí 实（實）reality　❽ yàn 验（驗）test　shí yàn 实验 experiment　shí yàn shì 实验室 laboratory

❾ tú 图（圖）picture　tú shū 图书 book　❿ guǎn 馆（館）a place for cultural activities　tú shū guǎn 图书馆 library

⓫ yù 育 educate　tǐ yù 体育 physical education　tǐ yù guǎn 体育馆 gymnasium

⓬ nèi 内 inner　shì nèi 室内 indoor　shì nèi yóu yǒng chí 室内游泳池 indoor swimming pool

⓭ cāo 操 exercise　cāo chǎng 操场 sports ground　⓮ yòng 用 use

⓯ xiē 些 a few; some; a measure word　nǎ xiē 哪些 which, what or who (plural)　nǐ jīng cháng yòng xué xiào de nǎ xiē shè shī 你经常用学校的哪些设施？

⓰ lù shang 路上 on the way　lù shang yào yòng duō cháng shí jiān 路上要用多长时间？　⓱ yuē 约（約）approximately　dà yuē 大约 approximately

⓲ zhōng tóu 钟头 hour　lù shang dà yuē yào yòng bàn ge zhōng tóu 路上大约要用半个钟头。

1 用所给结构看图说话 见参考答案

结构：I. 房子前面有一个小花园。

II. 房子左边是一个车库。

III. 游泳池在房子右边。

你可以用

a) 左边 b) 右边 c) 旁边
d) 前面 e) 后面 f) 对面
g) 楼上 h) 楼下 i) 中间
j) 附近

例子：

这是一所国际学校，叫育明学院。这所学校有一千四百多个学生。学校里有礼堂、……。礼堂在一号教学楼对面。……

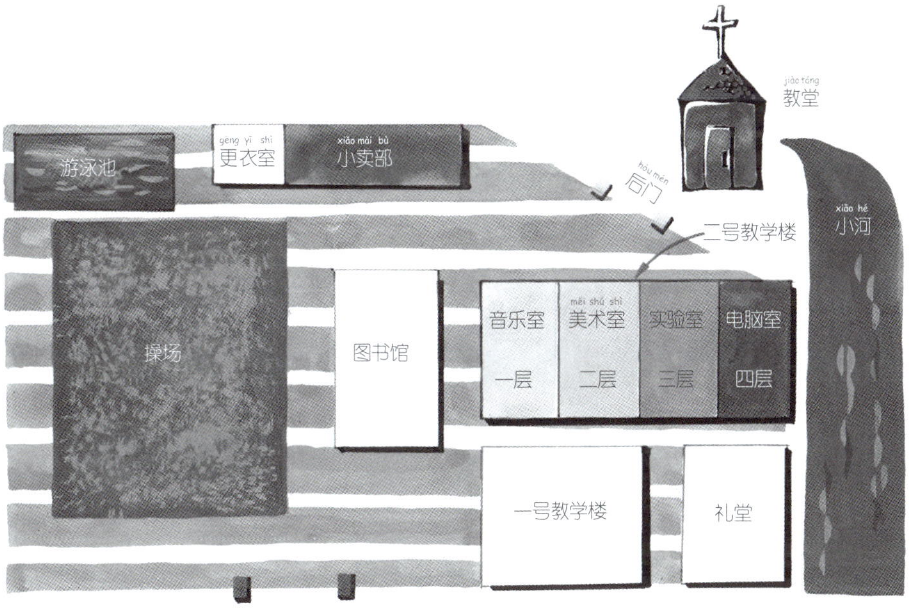

更衣室：change room　小卖部：tuck shop　美术：fine arts
正门：main entrance　后门：back door　教堂：church　河：river

教学建议

- 结合图片先让学生说说学校里有哪些设施，然后描述学校设施的方位，注意使用"有"字句、"是"字句和"在"字句。
- 鼓励学生用"你可以用"中的方位词来描述。
- 可将学生分成小组，分别画一画自己学校的布局图，然后分工介绍学校的概况和设施，看哪一组介绍得既全面又准确。

第 1 题 参考答案

1. 学校里有礼堂、教学楼、操场、图书馆、游泳池、更衣室、小卖部等等。
2. 二号教学楼有四层：音乐室在一层，美术室在二层，实验室在三层，电脑室在四层。更衣室隔壁是小卖部。二号教学楼旁边有一条小河。游泳池在操场旁边。图书馆在操场对面。

2 用所给结构完成句子

教学建议

- 老师先带领学生复习“多”“大约”“左右”的用法，可以在黑板或PPT上给出结构作为提示。
- 学生分组比赛完成三个结构的练习，看哪个小组完成得又快又好。

A. 结构：育明学院有一千四百多个学生。

1) 我们学校有 八十多位 老师。

2) 哥哥有很多朋友，他有 二十多个朋友。

3) 妈妈非常喜欢穿裙子，她有 二十多条裙子。

B. 结构：路上大约要用半个钟头。

1) 他每天都坐地铁上班，路上 大约要用十分钟。

2) 学校离我家不远，走路 大约要用五分钟。

3) 我们年级 大约有一百个 学生。

C. 结构：他五十岁左右。

1) 北京的夏天很热，气温常常在 三十五度左右。

2) 我们家每天晚上 六点左右 吃晚饭。

3) 今天下午你 四点左右 来我家，好吗？

3 听课文录音，回答问题

教学建议

- 可以利用听力练习导入课文。
- 提醒学生边听边做笔记。
- 学生回答问题时，老师可在黑板上按照回答顺序画出思维导图，帮助学生理清逻辑。

1) 天乐的新学校叫什么名字？
实礼学院。

2) 这所学校有多少个学生？
一千两百多个。

3) 这所学校有没有体育馆？
有。

4) 天乐常去学校的图书馆吗？
常去。

5) 他一般在哪儿买午饭？
学校餐厅。

6) 他午饭吃中餐还是西餐？
一般吃中餐，有时候也吃西餐。

7) 他每天怎么上学？
坐校车。

8) 他路上要用多长时间？
大约半个钟头。

课文 1

38

tiān lè　nǐ de xīn xué xiào jiào shén me míng zi
天乐，你的新学校叫什么名字？

shí lǐ xué yuàn　tā shì yì suǒ guó jì xué xiào
实礼学院。它是一所国际学校，
yǒu yì qiān liǎng bǎi duō ge xué shēng
有一千两百多个学生。

nǐ men xué xiào yǒu shén me shè shī
你们学校有什么设施？

yǒu lǐ táng　jiào xué lóu　shí yàn shì　tú
有礼堂、教学楼、实验室、图
shū guǎn　tǐ yù guǎn　shì nèi yóu yǒng chí
书馆、体育馆、室内游泳池、
cāo chǎng　cān tīng děng děng
操场、餐厅等等。

nǐ jīng cháng yòng xué xiào de nǎ xiē shè shī
你经常用学校的哪些设施？

wǒ jīng cháng qù tú shū guǎn kàn shū　qù yóu yǒng chí yóu
我经常去图书馆看书，去游泳池游
yǒng　hái cháng cháng qù cān tīng mǎi wǔ fàn
泳，还常常去餐厅买午饭。

nǐ wǔ fàn yì bān chī shén me
你午饭一般吃什么？

wǒ yì bān chī zhōng cān　yǒu shí hou yě chī xī cān
我一般吃中餐，有时候也吃西餐。

nǐ měi tiān zěn me shàng xué　lù shang
你每天怎么上学？路上
yào yòng duō cháng shí jiān
要用多长时间？

wǒ zuò xiào chē shàng xué　lù shang dà yuē
我坐校车上学，路上大约
yào yòng bàn ge zhōng tóu
要用半个钟头。

教学建议

- 课文重点培养学生的口语交际能力。
- 听录音跟读后，可以让学生两两一组做对话练习。
- 老师可以通过提问检测学生对课文内容的熟悉情况。
- 根据听力练习时所画的思维导图将对话改成一小段叙述。

教学建议

- 建议将角色扮演变成"采访新同学"的情境，学生两两一组做采访。
- 提醒学生在采访过程中注意提问顺序，先问总体情况，再问细节。
- 鼓励程度高的学生问及所有问题，程度低的学生可以参考"你可以用"进行采访。

4 角色扮演

Suppose you attend Ming Ai International School（明爱国际中学）. Make a conversation with your partner using the questions suggested.

1) 你们学校叫什么名字？

2) 你们学校是国际学校吗？

3) 你们学校有多少个学生？有多少位老师？

4) 你们学校有什么设施？

5) 你经常用学校的哪些设施？

6) 你一般去图书馆看什么书？

7) 你一般什么时候去游泳？

8) 你有什么爱好？

9) 你今年参加了什么课外活动？

10) 你们学校早上几点开始上课？下午几点放学？

11) 你们中午几点吃午饭？你午饭一般吃什么？

12) 你喜欢你们学校吗？为什么？

你可以用

a) 我们学校是一所英国国际学校。
b) 我们学校是一所中学，有六个年级。
c) 我们学校大约有一千三百个学生、一百五十位老师。
d) 我今年参加了两个课外活动：打篮球和游泳。

学校名称：明爱国际中学
学生人数：大约 1500 个
老师人数：大约 180 位
学校设施：礼堂、教学楼、实验楼、餐厅、室内游泳池、操场、篮球场、体育馆、图书馆
课外活动：打篮球、打排球、打乒乓球、踢足球、跑步、游泳
时间安排：8:00 开始上课
12:00-13:00 吃午饭
15:30 放学

名称：name　人数：number of people　安排：arrangement

生词 2 39

1. 最近 (zuì jìn) recently
2. 读（讀）(dú) attend (school)　走读 (zǒu dú) attend a day school　这是一所走读学校。(zhè shì yì suǒ zǒu dú xué xiào)
3. 校园 (xiàoyuán) campus
4. 草 (cǎo) grass　花草 (huā cǎo) flowers and plants
5. 树（樹）(shù) tree
6. 木 (mù) tree　树木 (shù mù) trees
7. 处（處）(chù) place　到处 (dào chù) everywhere　校园里到处都是花草树木。(xiàoyuán li dào chù dōu shì huā cǎo shù mù)

   Grammar: "都" is always used with "到处".
8. 美 (měi) beautiful
9. 食 (shí) eat　食堂 (shí táng) canteen
10. 卖（賣）(mài) sell
11. 式 (shì) style　中式 (zhōng shì) Chinese style　西式 (xī shì) Western style　学校食堂卖中式饭菜，也卖西式饭菜。(xué xiào shí táng mài zhōng shì fàn cài, yě mài xī shì fàn cài)
12. 宜 (yí) suitable　便宜 (pián yi) cheap
13. 块（塊）(kuài) a measure word (used as a unit of money)　一个盒饭只卖二十块，挺便宜的。(yí ge hé fàn zhǐ mài èr shí kuài, tǐng pián yi de)
14. 友好 (yǒu hǎo) friendly　学校的老师和同学都非常友好。(xué xiào de lǎo shī hé tóng xué dōu fēi cháng yǒu hǎo)
15. 对 (duì) to　我们班的同学都对我很好。(wǒ men bān de tóng xué dōu duì wǒ hěn hǎo)

   Grammar: Pattern: 对 ... 很好
16. 几 (jǐ) several　好几 (hǎo jǐ) quite a few　我已经交了好几个朋友了。(wǒ yǐ jīng jiāo le hǎo jǐ ge péng you le)

   Grammar: Pattern: 好几 + Measure Word + Noun

生词教学

- 学生在本册第三课中已经学习过"中餐"和"西餐"，所以不难理解"中式"和"西式"。老师可以准备中餐、西餐的图片，让学生将其归类，说一说图片中哪些食物属于"中式饭菜"，哪些属于"西式饭菜"。
- **块**：表达钱数的量词，常用在口语表达中，如"苹果三块五一个"。
- 可以利用录音、PPT和生词卡片练习生词。

教学建议

- 建议将学生分成“一般”组、“经常”组、“常常”组、“总是”组、“有时候”组，在规定的时间内完成相应的看图说话练习，时间一到，再换组练习。
- 注意提示这些词语在句子中的位置。
- 可以布置为课后任务，让学生根据实际情况，用含这些词语的句子介绍一下自己的日常生活，用录音的形式做口头汇报发给老师。

5 用所给结构看图说话 见参考答案

结构：他午饭总是吃快餐。

① 
午饭
一般
盒饭

② 
晚饭
总是
中式饭菜

③ 
一般
起床

④ 
常常
跟……一起

⑤ 
张老师
总是
跟……说汉语

⑥ 
经常
奶奶
打电话

⑦ 
有时候
走路
上班

⑧ 
有时候
餐厅
吃饭

⑨ 
一般
上海
过暑假

⑩ 
放学以后
有时候

116

第5题 参考答案

1. 她午饭一般吃盒饭。
2. 他们家晚饭总是吃中式饭菜。
3. 他一般七点起床。
4. 他常常跟哥哥一起打篮球。
5. 张老师总是跟学生们说汉语。
6. 她经常给奶奶打电话。
7. 她有时候走路上班。
8. 他有时候在餐厅吃饭。
9. 他们一般在上海过暑假。
10. 放学以后，他们有时候打排球。

6 模仿例子，看图说话

跟……同岁

例子：

我跟小冰同岁。

①

跟……同班

我跟小同同班。

②

跟……说汉语

妈妈跟我说汉语。

③

跟……一起

我跟哥哥一起打乒乓球。

④

跟……一样

周冬的衣服跟我的一样。

⑤

跟……不一样

姐姐的手机跟我的不一样。

教学建议

- 此练习复习的是“跟”构成的几种介词结构。
- 老师可以先带领学生完成例子和其中 1-2 幅图的练习，其余练习让学生自己独立完成。
- 可以将学生分成几个小组，给小组成员编号，保证每个学生都分配到一幅图进行练习。规定时间内完成全部图片描述后，老师叫编号，请学生说出自己的句子。

7 听课文录音，回答问题 见参考答案

1) 夏云到西区女中多长时间了？
2) 西区女中的校园什么样？
3) 西区女中有什么设施？
4) 西区女中的食堂卖什么饭菜？
5) 夏云午饭一般吃什么？
6) 夏云喜欢她的同学吗？为什么？
7) 她在学校有朋友吗？
8) 她们学校什么时候开始放寒假？

117

教学建议

- 可以利用听力练习导入课文，提醒学生边听课文边做笔记。
- 提醒学生回答时尽量使用重点词语和语言点，如“到处（都）”。
- 学生回答听力问题时，老师可以就课文内容做适量补充，完成课文的展示、串讲。

第 7 题 参考答案

1. 两个月。
2. 到处都是花草树木，非常美。
3. 礼堂、图书馆、体育馆、食堂等。
4. 中式和西式饭菜都卖。
5. 盒饭。
6. 喜欢。她们都非常友好，对她很好。
7. 有。有好几个朋友。
8. 十二月十六号。

教学建议

- 课文重点培养学生的书面语交际能力。
- 可以在讲解完课文后，让学生填写去掉了重点词语和核心语言点的课文，做完型填空。
- 带领学生总结信件写作的格式。

课文 2 40

qiū yuè
秋月：

nǐ hǎo
你好！

nǐ zuì jìn máng ma
你最近忙吗？

wǒ dào xī qū nǚ zhōng yǐ jīng yǒu liǎng ge yuè le zhè shì yì suǒ zǒu dú xué xiào xiào yuán li dào chù dōu shì huā cǎo shù mù fēi cháng měi
我到西区女中已经有两个月了。这是一所走读学校。校园里到处都是花草树木，非常美。

wǒ men xué xiào hěn dà yǒu lǐ táng tú shū guǎn tǐ yù guǎn shí táng děng děng xué xiào shí táng mài zhōng shì fàn cài yě mài xī shì fàn cài wǒ wǔ fàn yì bān chī hé fàn yīn wèi yí ge hé fàn zhǐ mài èr shí kuài tǐng pián yi de
我们学校很大，有礼堂、图书馆、体育馆、食堂等等。学校食堂卖中式饭菜，也卖西式饭菜。我午饭一般吃盒饭，因为一个盒饭只卖二十块，挺便宜的。

xué xiào de lǎo shī hé tóng xué dōu fēi cháng yǒu hǎo wǒ men bān de tóng xué dōu duì wǒ hěn hǎo wǒ yǐ jīng jiāo le hǎo jǐ ge péng you le fàng xué yǐ hòu wǒ jīng cháng gēn tā men yì qǐ dǎ lán qiú
学校的老师和同学都非常友好。我们班的同学都对我很好。我已经交了好几个朋友了。放学以后，我经常跟她们一起打篮球。

wǒ men xué xiào shí èr yuè shí liù hào kāi shǐ fàng hán jià nǐ men xué xiào ne jīn nián hán jià nǐ dǎ suàn zěn me guò
我们学校十二月十六号开始放寒假。你们学校呢？今年寒假你打算怎么过？

zhù hǎo
祝好！

xià yún
夏云

shí yī yuè èr shí rì
十一月二十日

118

8 用所给结构完成句子

结构：饭店旁边有好几家服装店。

妹妹买了好几副手套。

1) 爷爷买了 好几顶帽子。
2) 奶奶 买了好几条围巾。
3) 爸爸 买了好几双皮鞋。
4) 妈妈 买了好几条连衣裙。
5) 哥哥 买了好几件衬衫。
6) 姐姐 买了好几件毛衣。
7) 弟弟 买了好几条短裤。
8) 我 买了好几双鞋。

教学建议

- 建议在练习"好几＋量词＋名词"前，先结合图片复习"数量词＋名词"结构，如"一顶帽子、一双鞋、一副手套、一条围巾"等等。
- 可以做"谁是吹牛大王"的游戏来练习此结构。学生以小组为单位，在规定时间内写出含有"好几＋量词＋名词"结构的句子，正确率最高、数量最多的小组赢得"吹牛大王"称号。

教学建议

- 建议水平较低的学生选择部分问题编对话，其中1、2、3、7、8题是必须涉及的问题。
- 鼓励水平较高的学生完成所有问题。

9 用所给问题编对话

1) 你们学校是走读学校吗？你每天怎么上学？路上要用多长时间？

2) 你们学校的校园大吗？校园里有什么？

3) 你们学校有几幢教学楼？你的汉语教室在几号教学楼？

4) 你们学校有体育馆吗？体育馆大吗？你常在体育馆里做什么运动？

5) 你们学校有游泳池吗？是室内的吗？你经常去那里游泳吗？你一般什么时候去游泳？

6) 你们学校的图书馆大吗？图书馆一共有几层？你常去图书馆看什么书？

7) 你们学校的食堂大吗？食堂卖什么饭菜？你常常在食堂吃午饭吗？你午饭一般吃什么？

8) 你在学校有朋友吗？请介绍一下你的好朋友。

9) 你们学校附近有商店吗？有什么商店？

10) 你们学校附近有公园吗？

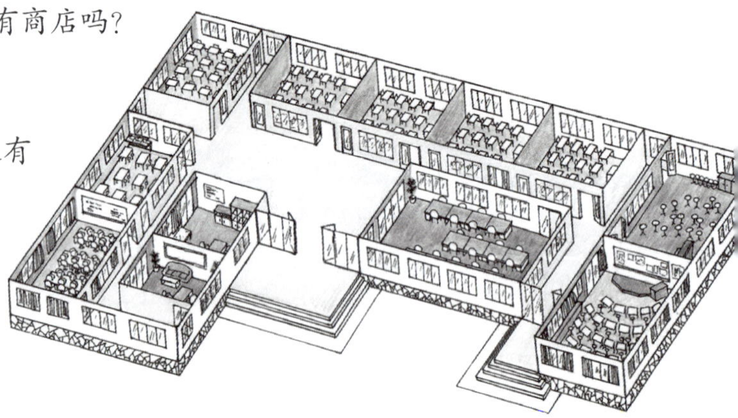

Draw your school and present it to class.

例子：

今天我要介绍一下我的学校。我的学校叫东海中学。它是一所国际学校，有一千多个学生、一百多位老师。

我们学校的校园不太大，但是非常美。校园里……

我们学校有……。学校的食堂……。我经常去……。我很喜欢……

你可以用

a) 我每天都去食堂买午饭。我一般吃中餐。我很喜欢吃食堂的盒饭。

b) 我喜欢中午去图书馆看书。我一般看英文书，有时候也看中文书。

c) 每天放学以后我都去游泳。我一般游一个小时泳，从三点半到四点半。

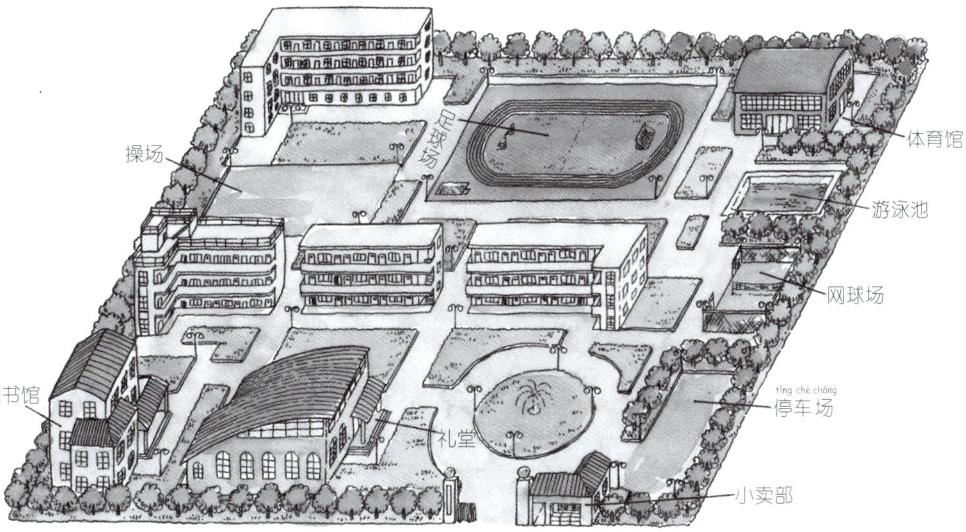

停车场：car park

教学建议

- 建议将个人口头报告改成小组口头汇报。老师将学生分成小组，可以让学生结合练习 9 的问题先去采访非本班的同学，再将采访结果通过 PPT 简报的形式向全班展示，要求每一个小组成员都要发言。
- 可以让学生自己设计一所理想中的学校，画成图纸，在口头汇报时用到本课所学的重点生词和语法点。

第十一课 我喜欢学汉语

教学目标

1. 理解和使用“对……感兴趣”“从来”“就”“在……中”“难 + 动词”。
2. 口头向他人介绍自己的年级、所学科目、喜恶的科目及其原因。
3. 结合第十课《我的新学校》所学内容，能够写一篇短文介绍学校的基本情况、日常学校生活安排、自己所在的年级、学习的科目、对科目的评价等内容。

教学重点

1. 生词重点：门、有趣、其他、容易、难
2. 短语重点：几门课、很有趣、感兴趣、请家教、难写、难记、有意思
3. 语言点重点：“从来”“就”“在……中”
4. 交际重点：谈论自己在学校学习的科目、对各科目的喜好和评价。

教学提示

1. 从来

表示从过去到现在都是如此，多用于否定句，后面跟“不”或“没”。

结构： 从来（都）+ 不 / 没

示例： 从来（都）没学过游泳
从来（都）没去过北京
从来（都）不喜欢吃中式饭菜

注意：“从来”常常和“都”搭配使用。

2. 就

1）表示事情在很短的时间之内即将发生。

结构： 就 + 动词

示例： 爸爸星期六下午就回来。
明天早上八点我就去图书馆看书。

2）表示事情在很久之前已经发生，说话者觉得时间早、时间短或者数量少。

结构：主语 + 时间词 + 就 + 动词 / 动词性短语 + 了

示例：我昨天五点就去打球了。

弟弟昨天晚上七点就睡觉了。

3）表示加强肯定。

结构：就 + 是 / 在

示例：我的学校就在公共汽车站和公园之间。

商场就在我家附近，买东西很方便。

3. 在……中

表示范围，后面一般会加上说话人对“……”的评价。

示例：在这些老师中，我最喜欢王老师。

在这五种水果中，我最不喜欢香蕉。

教学流程

1. 建议老师和学生一起头脑风暴，用中文说出这一学期都上哪些课，不会的可以暂用英文代替，导入本课话题。之后根据学生罗列的科目进行教学和补充，学习生词 1。
2. 建议结合练习 1、2 讲练“对……感兴趣”和语言点 2。结合练习 6 讲练语言点 1。学习课文 1，结合练习 3 听录音回答问题。
3. 学习生词 2 和语言点 3，再听课文回答问题，完成角色扮演和口头报告等练习。

第十一课　我喜欢学汉语

生词教学

- 可以结合本课话题导入引入生词1的教学，将学生说出的各种课概括为“科目”，问问他们最喜欢哪个科目，最不喜欢哪个科目，为课文的学习做准备。
- 门：从名词借用来的量词，专门用于修饰“课”，如“今年我有六门课”。
- **有趣**：形容词，用来作谓语或定语。如“汉语课很有趣”“最有趣的课外活动是打网球”。
- **其他**：指示代词，表示一定范围之外的人或者事物。
- 可以利用录音、PPT和生词卡片练习生词。

生词 1 41

1. 初 (chū) at the beginning of　初二 (chū èr) 2nd year in a junior secondary school
2. 门（門）(mén) a measure word (used for school subjects)　你今年有几门课？(nǐ jīn nián yǒu jǐ mén kè)
3. 数（數）(shù) number
4. 学 (xué) branch of study　数学 (shù xué) maths
5. 化 (huà) chemistry　化学 (huà xué) chemistry
6. 地 (dì) the earth
7. 理 (lǐ) logic　地理 (dì lǐ) geography
8. 物 (wù) thing　物理 (wù lǐ) physics
9. 生 (shēng) be alive　生物 (shēng wù) biology
10. 历（歷）(lì) experience
11. 史 (shǐ) history　历史 (lì shǐ) history
12. 术（術）(shù) art　美术 (měi shù) fine arts
13. 戏（戲）(xì) drama
14. 剧（劇）(jù) drama　戏剧 (xì jù) drama
15. 科 (kē) subject of study
16. 目 (mù) item　科目 (kē mù) school subject　你最喜欢的科目是什么？(nǐ zuì xǐ huan de kē mù shì shén me)
17. 趣 (qù) interest　有趣 (yǒu qù) interesting　我觉得物理很有趣。(wǒ jué de wù lǐ hěn yǒu qù)
18. 兴 (xìng) passion for something　兴趣 (xìng qù) interest　我对物理最感兴趣。(wǒ duì wù lǐ zuì gǎn xìng qù)

    Grammar: Pattern: 对 ... 感兴趣

19. 其 (qí) it; they
20. 他 (tā) other　其他 (qí tā) other; else　那其他科目呢？(nà qí tā kē mù ne)
21. 从来 (cóng lái) always　我从来都没学过画油画。(wǒ cóng lái dōu méi xué guo huà yóu huà)

    Grammar: a) “从来” is mostly used in negative sentences.
    b) Sentence Pattern: Subject + 从来 (+ 都) + 不 / 没 + Verb + Object

22. 家教 (jiā jiào) private tutor
23. 请 (qǐng) hire　你让妈妈给你请一个家教，怎么样？(nǐ ràng mā ma gěi nǐ qǐng yí ge jiā jiào, zěn me yàng)
24. 意 (yì) idea　主意 (zhú yi) idea
25. 就 (jiù) right away　我今天晚上就跟妈妈说。(wǒ jīn tiān wǎn shang jiù gēn mā ma shuō)

1 模仿例子，看图说话 见参考答案

例子：

我对英语很感兴趣。我每天都看英文小说。

① 

② 

③ 

④ 

⑤ 

⑥ 

⑦ 

⑧ 

⑨ 

⑩ 

你可以用

a) 我挺喜欢学物理的。我觉得物理很有趣。
b) 我不喜欢学数学，因为我不喜欢我的数学老师。
c) 我最不喜欢学历史，因为历史老师教得不好。
d) 我很不喜欢上体育课，因为我不会打篮球，也不喜欢跑步。
e) 我非常喜欢学语言。我经常看英文书和中文书。我的英语和汉语都学得挺好的。
f) 我对生物和化学特别感兴趣。

教学建议

- 老师先带领学生复习一遍所有科目，让学生找一找自己一共学几门课。
- 可以准备好10种课的卡片，将学生分成小组，每组发一摞卡片，让学生挑选自己喜欢和不喜欢的科目，仿照例子做练习。注意要用上语言点“对……感兴趣”。
- 程度低的学生可以参考“你可以用”中的句子来表达。
- 小组完成练习后，派代表向全班转述自己组内成员的科目喜好。

第1题 参考答案

1. 我挺喜欢学汉语的，但是我学得不太好。
2. 我非常喜欢学数学，数学老师也对我很好。
3. 我最喜欢上化学课，因为我觉得化学很有趣。
4. 我对物理不太感兴趣。
5. 我挺喜欢学生物的，因为我的老师教得好。
6. 我觉得地理很有趣。
7. 我从小就对历史感兴趣。我的老师教得也很好。
8. 我从小就弹钢琴，但是我对音乐不太感兴趣。
9. 我觉得戏剧很有趣。我喜欢上戏剧课。
10. 我不喜欢美术。我不会画画儿。

2 用所给结构看图说话

A. 结构：学校离我家不远，走路十分钟就到了。

as early as

离　火车　两个小时

广州离香港不远，坐火车两个小时就到了。

B. 结构：我们学校就在公园旁边。

exactly

体育馆　公园　后面

体育馆就在公园后面。

C. 结构：我今天晚上就跟妈妈说。

right away

马上　带　医院

妈妈马上就带他去医院。

3 听课文录音，回答问题 见参考答案

1) 聪亮今年上几年级？

2) 他今年有几门课？

3) 他今年有几门语言课？

4) 他今年有历史课吗？

5) 他最喜欢的科目是什么？

6) 他为什么不喜欢上美术课？

7) 他喜欢上数学课吗？为什么？

8) 爷爷有什么好主意？

124

教学建议

- 本题涉及了副词"就"的三种用法，老师可以结合语言点2，先带领学生复习A、B两种用法（在本册第七课中已经学习过），再练习结构C。

第2题　补充练习

结构A
1. 北京　上海　三个小时
2. 我家　图书馆　十分钟

结构B
1. 电影院　商场　楼上
2. 超市　我家　附近

结构C
1. 明天　家教
2. 一会儿　姨妈家

教学建议

- 可以利用听力练习导入课文。
- 提醒学生边听边做笔记。
- 可以补充其他问题，给水平高的学生挑战。

第3题　补充练习

1. 聪亮都学哪些科目？
2. 聪亮什么时候和妈妈说请家教？

第3题　参考答案

1. 初二。
2. 十三门课。
3. 两门。
4. 有。
5. 物理。
6. 因为他从来都没有学过画油画，画得不好。
7. 不太喜欢。因为数学老师教得不好。
8. 让他妈妈给他请一个家教。

课文 1

42

yé ye wǒ jīn nián shàng chū èr le
爷爷，我今年上初二了。

nǐ jīn nián yǒu jǐ mén kè
你今年有几门课？

wǒ jīn nián yǒu shí sān mén kè yǒu yīng yǔ hàn yǔ shù xué wù lǐ
我今年有十三门课，有英语、汉语、数学、物理、
huà xué shēng wù lì shǐ dì lǐ měi shù xì jù děngděng
化学、生物、历史、地理、美术、戏剧等等。

nǐ zuì xǐ huan de kē mù shì shén me
你最喜欢的科目是什么？

wǒ duì wù lǐ zuì gǎn xìng qù wǒ jué de wù lǐ hěn yǒu qù
我对物理最感兴趣。我觉得物理很有趣。

nà qí tā kē mù ne
那其他科目呢？

wǒ bù xǐ huanshàng měi shù kè yīn wèi wǒ cóng lái dōu méi xué guo huà yóu huà huà de bù
我不喜欢上美术课，因为我从来都没学过画油画，画得不
hǎo wǒ yě bú tài xǐ huanshàng shù xué kè yīn wèi shù xué lǎo shī jiāo de bù hǎo
好。我也不太喜欢上数学课，因为数学老师教得不好。

cōngliàng nǐ yīng gāi xué hǎo shù xué nǐ ràng mā ma
聪亮，你应该学好数学。你让妈妈
gěi nǐ qǐng yí ge jiā jiào zěn me yàng
给你请一个家教，怎么样？

hǎo zhú yi wǒ jīn tiān wǎn
好主意！我今天晚
shang jiù gēn mā ma shuō
上就跟妈妈说。

125

教学建议

- 课文重点培养学生的口语交际能力。
- 听录音跟读后，可以让学生两两一组做对话练习。
- 老师可以通过提问检测学生对课文内容的熟悉情况。
- 老师可以将课文中重要的词汇和语言点拿掉，在学生熟悉内容后做完型填空练习。

教学建议

- 建议在学习课文1后练习问题1-4，学生两人一组编对话。
- 在1-4题的基础上可以进行第二轮的编对话练习，让学生在剩余问题中选择他们感兴趣的至少3个问题，结合第一轮的成果编一个更详细的对话。

4 用所给问题编对话

1) 你今年有几门课？有什么课？

2) 你喜欢上什么课？你最喜欢的科目是什么？为什么？

3) 你不喜欢上什么课？你最不喜欢的科目是什么？为什么？

4) 你有家教吗？你想请家教吗？

5) 你在学校有朋友吗？有几个朋友？

6) 谁是你最好的朋友？他／她是你的同班同学吗？他／她有什么爱好？你们常常一起做什么？

7) 你经常给你的朋友发电邮吗？你经常给你的朋友打电话吗？你经常去朋友家玩吗？

8) 你家离学校远吗？你每天怎么上学？路上要用多长时间？

9) 你家附近有什么公共设施？你经常用哪些设施？

10) 你小时候养过宠物吗？你现在有宠物吗？你要为它做什么？你爱你的宠物吗？

126

生词 2 43

❶ jì 寄 deposit ❷ sù 宿 stay overnight jì sù 寄宿 boarding wǒ zài yì suǒ jì sù xué xiào shàng xué 我在一所寄宿学校上学。

❸ gāo 高 advanced gāo yī 高一 1st year in a senior secondary school

❹ xué 学 knowledge kē xué 科学 science

❺ zhōng 中 among zài zhè liù mén kè zhōng 在这六门课中，wǒ zuì xǐ huan huà xué kè 我最喜欢化学课。

Grammar: Pattern: 在 ... 中

❻ róng 容 allow ❼ yì 易 easy róng yì 容易 easy

❽ yòng 用 usage yǒu yòng 有用 useful ❾ zhòng 重 important ❿ yào 要 important zhòng yào 重要 important

⓫ fǎ 法 law yǔ fǎ 语法 grammar ⓬ nán 难（難）difficult

⓭ zì 字 character; word hàn zì 汉字 Chinese character ⓮ xiě 写（寫）write

⓯ jì 记（記）remember hàn zì suī rán bù nán xiě 汉字虽然不难写，dàn shì hěn nán jì 但是很难记。

Grammar: Pattern: 容易 / 难 + 学 / 写 / 记 ...

⓰ gōng 功 skill gōng kè 功课 homework dì lǐ lǎo shī zǒng shì ràng wǒ men zuò hěn duō gōng kè 地理老师总是让我们做很多功课。

⓱ yì 意 meaning ⓲ sī 思 thought yì si 意思 meaning yǒu yì si 有意思 interesting

wǒ jué de yīn yuè kè méi yǒu yì si 我觉得音乐课没有意思。

生词教学

- **难、容易**：两个词配合着讲。老师可以问问在所学科目中，学生认为哪门课最难 / 很难 / 很容易。练习完"很难 / 容易"，再练习"难 / 容易 + 动词"的用法。可以结合练习 5 来造句。
- **有意思**：否定说法是"没意思"，疑问的说法可以是"……有意思吗？"或"……有没有意思？"老师可给出若干门课或课外活动的图片，让学生说一说哪些有意思，哪些没意思。
- 可以利用录音、PPT 和生词卡片练习生词。

教学建议

- A 结构练习的是“很 + 形容词”的用法。B 结构练习的是“很 + 容易 / 难 + 动词”的用法。
- 建议练习结构 B 时可以先通过提问的方式引导学生用“很难 / 容易”来回答，然后再进行句式转换。比如老师提问：你觉得学什么很容易 / 难？学生会回答“我觉得学物理很容易 / 难”。这时老师可以引导学生将句子转换为“我觉得物理很容易 / 难学”。然后再看图练习其他句子。

第 5 题　补充练习

结构 A
1. 校园　漂亮
2. 衣服　贵
3. 天气　寒冷

结构 B
1. 打篮球　学
2. 饺子　做
3. 拼音　写

5 用所给结构看图说话

A. 结构：食堂的盒饭很便宜。

① 
汉字 有趣
汉字很有趣。

② 
米饭 好吃
米饭很好吃。

③ 
校园 美
校园很美。

④ 

汉语语法 难
汉语语法很难。

B. 结构：汉语很容易学。　化学很难学。

① 

汉字 写
汉字很难写。

② 

物理 学
物理很难学。

③ 
小提琴 拉
小提琴很难拉。

④ 
汉字 记
汉字很容易记。

6 用所给结构写句子

A. 结构：在这六门课中，我最喜欢化学。

1) 这些菜　蒸鱼　在这些菜中，我最喜欢蒸鱼。

2) 这些课外活动　打网球　在这些课外活动中，我最喜欢打网球。

3) 这三本书　最喜欢　在这三本书中，我最喜欢《日出》。

4) 这十门课　对……感兴趣　在这十门课中，我对数学最感兴趣。

B. 结构：我从来都没打过乒乓球。　我从来都不喝可乐。

1) 妹妹　西安　妹妹从来都没去过西安。

2) 姐姐　画国画　姐姐从来都没画过国画。

3) 她　小笼包　她从来都没吃过小笼包。

4) 爷爷　飞机　爷爷从来都没坐过飞机。

7 听课文录音，回答问题 见参考答案

1) 她今年上几年级？

2) 她今年有几门课？

3) 她为什么喜欢学化学？

4) 她喜欢学历史吗？为什么？

5) 她为什么喜欢学汉语？

6) 她觉得汉字难记吗？

7) 她为什么不喜欢上地理课？

8) 她还不喜欢上什么课？

129

教学建议

- 老师可以结合练习 6 讲练“在……中”和“从来（都）没 / 不”。
- 建议老师先和学生一起把结构 A 中的“菜、课外活动、书、十门课”的内容列成表格，学生两两一组依照表格互相提问，然后向全班介绍自己的同伴。

教学建议

- 可以利用听力练习导入课文，提醒学生边听课文边做笔记。
- 老师可以补充其他问题，让学生更好地把握课文内容。注意引导学生用语言点来回答问题。

第 7 题　补充练习

1. 她上哪几门课？
2. 她最喜欢什么课？
3. 她觉得汉字难写吗？

第 7 题　参考答案

1. 高一。
2. 六门课。
3. 因为老师教得非常好。
4. 喜欢。因为她觉得历史很有趣，也很容易学。
5. 因为汉语很有用，也很重要。
6. 难记。
7. 因为地理老师总是让他们做很多功课。
8. 音乐课。

教学建议

- 课文重点培养学生的书面语交际能力。
- 可以在讲解完课文后，让学生填写去掉了重点词语和核心语言点的课文，做完型填空。
- 建议老师在黑板上画出思维导图，引导学生复述课文。

课文 2

44

wǒ zài yì suǒ jì sù xué xiào shàng xué, jīn nián shàng gāo yī. wǒ jīn nián yǒu liù mén kè: yīng yǔ、hàn yǔ、shù xué、lì shǐ, hái yǒu liǎng mén kē xué kè: huà xué hé shēng wù.

我在一所寄宿学校上学，今年上高一。我今年有六门课：英语、汉语、数学、历史，还有两门科学课：化学和生物。

zài zhè liù mén kè zhōng, wǒ zuì xǐ huan huà xué kè, yīn wèi wǒ de huà xué lǎo shī jiāo de fēi cháng hǎo. wǒ yě xǐ huan xué lì shǐ. wǒ jué de lì shǐ hěn yǒu qù, yě hěn róng yì xué. wǒ hái xǐ huan xué hàn yǔ, yīn wèi hàn yǔ hěn yǒu yòng, yě hěn zhòng yào. wǒ jué de hàn yǔ yǔ fǎ tǐng nán de. hàn zì suī rán bù nán xiě, dàn shì hěn nán jì.

在这六门课中，我最喜欢化学课，因为我的化学老师教得非常好。我也喜欢学历史。我觉得历史很有趣，也很容易学。我还喜欢学汉语，因为汉语很有用，也很重要。我觉得汉语语法挺难的。汉字虽然不难写，但是很难记。

wǒ bú tài xǐ huan shàng dì lǐ kè, yīn wèi dì lǐ lǎo shī zǒng shì ràng wǒ men zuò hěn duō gōng kè. wǒ yě bù xǐ huan shàng yīn yuè kè. wǒ jué de yīn yuè kè méi yǒu yì si.

我不太喜欢上地理课，因为地理老师总是让我们做很多功课。我也不喜欢上音乐课。我觉得音乐课没有意思。

8 角色扮演

Suppose this is your timetable. Make a conversation with your partner using the questions suggested.

1) 你今年有几门课？有什么课？

2) 你今年有几门语言课？

3) 你们每天早上几点开始上课？下午几点放学？从几点到几点是午饭时间？

4) 你们每天上几节课？一节课多长时间？

5) 你们星期一上午有什么课？星期二下午有什么课？

6) 你们哪天有电脑课？哪天有美术课？

7) 你们每个星期有几节数学课？有几节英语课？

	星期一	星期二	星期三	星期四	星期五
第一节课 8:15 - 9:20	英语	历史	科学	地理	美术
第二节课 9:25 - 10:30	数学	汉语	戏剧	汉语	英语
10:30 - 10:50	课间休息				
第三节课 10:50 - 11:55	科学	数学	英语	音乐	科学
第四节课 12:00 - 13:05	汉语	地理	美术	数学	历史
13:05 - 14:05	午饭时间				
第五节课 14:05 - 15:10	体育	音乐	电脑	班会	体育

课间休息：break

教学建议

- 老师可以将角色扮演改成书面回答问题。学生结合自己的实际情况，仿照课文回答 7 个问题。
- 学生可以制作一张自己的课程表，并结合练习中的问题用录音的方式介绍课程表，完成后将录音发给老师。
- 建议老师发给学生一张调查表，请学生去采访非本班或其他年级的同学，采访中要问到练习中的问题。程度高的学生还可以根据自己感兴趣的内容问其他问题。采访后形成书面文字提交给老师。

教学建议

- 建议给学生充分的时间做准备，然后两人一组进行角色扮演。规定时间内完成第一轮问答后再互换角色进行第二轮问答。

9 角色扮演

Suppose you are applying for a new school. Make a conversation with the principal's secretary using the questions suggested.

例子：

校长秘书： 你叫什么名字？

你： ……

校长秘书： 你现在在哪个学校上学？上几年级？

你： 我在北京的英国国际学校上学，今年上初二。

校长秘书： 你今年有几门课？有什么课？

……

校长秘书可能问：	你可以问：
1) 你今年有几门课？有什么课？	1) 我可以上几年级？
2) 你学过什么外语？	2) 一个班有多少个学生？
3) 你是从什么时候开始学汉语的？你觉得汉语难吗？	3) 我可以学两门外语吗？
4) 你喜欢上什么课？你最喜欢的科目是什么？	4) 我可以参加什么课外活动？
5) 你有什么爱好？	5) 学校里有游泳池吗？
6) 你家住在哪儿？	6) 学校的图书馆大吗？里面有汉语书吗？
7) 你有兄弟姐妹吗？	7) 学校的餐厅卖什么饭菜？
8) 在我们学校，你有朋友吗？	8) 学校附近有公共汽车站／地铁站吗？

10 口头报告

Introduce yourself. You should include:

- name and grade
- type of school you attend
- school facilities
- subjects you like/dislike and why
- whether you have private tutoring, for which subject(s) and when

例子：

我叫王以礼。我在一所美国国际学校上学，今年上八年级。

我们学校不太大，但是非常美。校园里到处都是花草树木。学校里有……

今年我有……

你可以用

a) 我从初一开始在一所英国国际学校上学。我们学校是一所寄宿学校。
b) 我们学校很大。学校里有游泳池、操场、礼堂、图书馆、教学楼、实验楼等等。
c) 我们学校的操场很大。因为学校里没有足球场，所以我们可以在操场上踢足球。
d) 我今年上初二。今年我一共有十门课。
e) 我对历史最感兴趣。我很喜欢看历史书。
f) 我觉得数学很难，数学老师也教得不好，所以我不喜欢上数学课。
g) 我喜欢学汉语，因为汉语很有用。我觉得汉语语法挺难的。汉字虽然不难写，但是很难记。
h) 妈妈给我请了一个汉语家教，因为我的汉语学得不太好。

教学建议

- 建议将个人口头报告通过PPT简报形式呈现，简报中需包括姓名、学校、年级、学校设施、对科目的喜恶、有没有请过家教等信息。
- 老师将学生的简报共享在班级网上，由全班互评，选出最受欢迎的简报。

第十二课 我的爱好

教学目标

1. 理解和使用“（正）在”“除了……以外，……还……”。
2. 掌握动词带宾语时情态补语的用法。
3. 复习巩固时量补语。
4. 口头向他人介绍日常安排、学校的课外活动等，和他人谈论爱好。
5. 写一篇短文介绍自己这学期的安排，包括这学期忙不忙、每天的作息和出行方式、参加了哪些课外活动、自己的爱好和擅长的方面。

教学重点

1. 生词重点：唱歌、下、花、不错
2. 短语重点：兴趣小组、下国际象棋、骑自行车、打高尔夫球
3. 语言点重点：“（正）在”“除了……以外，……还……”
4. 交际重点：口头谈论或书面介绍自己的爱好和日常安排。

教学提示

1. （正）在

表示某动作在进行中。

结构： 主语 +（正）在 + 动词 / 动词性短语

示例： 他们（正）在看足球比赛。

老师（正）在给我们上汉语课。

注意：“正”可以省略，直接用“在”表示动作的进行。

2. 除了……（以外），……还……

表示“包括”，即“还”包括“除了……（以外）”以后的事物。

结构： 除了 A（以外），主语 + 还 +B

示例： 除了学习汉语（以外），他还学习西班牙语。

除了喜欢打篮球（以外），我还喜欢弹钢琴。

注意："以外"可以省略。"除了……（以外）"和"还……"的主语一致。

3. 动词带宾语时的情态补语

当动词同时带宾语和情态补语时，可以重复动词，或者省略第一个动词。

结构：主语 + 动词 + 宾语 + 动词 + 得 + 形容词

主语 + 宾语 + 动词 + 得 + 形容词

示例：他拉小提琴拉得挺好的。→他小提琴拉得挺好的。

他写汉字写得不太好。→他汉字写得不太好。

他唱中文歌唱得特别好。→他中文歌唱得特别好。

教学流程

1. 建议教师提前了解学生的爱好，准备相应的图片，或从自己的爱好出发导入本课话题。
2. 结合练习 1、2 学习生词 1 和语言点 1，然后听课文录音回答问题，学习课文 1，完成练习 4 角色扮演。
3. 结合练习 5、6 学习生词 2 和语言点 2、3，然后听课文录音学习课文 2，完成角色扮演和口头报告等练习。

第十二课　我的爱好

生词教学

- 唱歌：离合词，中间可以插入"了、着"和时间词等成分。
- 下：表示进行棋类游戏或比赛，如"下围棋、下象棋"。
- 长：构词能力强，可进行词语扩展，如"队长、校长、班长"。
- 可以利用录音、PPT和生词卡片练习生词。

生词 1 (45)

❶ zǔ 组（組）group　xiǎo zǔ 小组 group　xìng qù xiǎo zǔ 兴趣小组 clubs at school　wǒ men huì cān jiā xìng qù xiǎo zǔ de huó dòng 我们会参加兴趣小组的活动。

❷ gè 各 various　❸ zhǒng 种（種）type　gè zhǒng 各种 various types of

❹ chàng 唱 sing　❺ gē 歌 song　chàng gē 唱歌 sing　❻ hé 合 together　hé chàng 合唱 chorus

❼ duì 队（隊）team　hé chàng duì 合唱队 choir　yuè duì 乐队 band; orchestra

❽ wǔ 武 martial arts　wǔ shù 武术 martial arts; kung fu

wǒ men xué xiào yǒu gè zhǒng xìng qù xiǎo zǔ　bǐ rú hé chàng duì　yuè duì　wǔ shù duì děng děng
我们学校有各种兴趣小组，比如合唱队、乐队、武术队等等。

❾ xiàng 象 one of the pieces in Chinese chess

❿ qí 棋 chess　xiàng qí 象棋 (Chinese) chess　guó jì xiàng qí 国际象棋 chess　⓫ xià 下 play (chess)

⓬ zhèng 正 be doing　zhèng zài 正在 be doing

nǐ kàn　tā men zhèng zài xià guó jì xiàng qí
你看，他们正在下国际象棋。

Grammar: a) "（正）在" shows that an action is in progress.
b) Sentence Pattern: Subject +（正）在 + Verb + Object

⓭ zhǎng 长 leader　duì zhǎng 队长 captain　wǒ shì zú qiú duì de duì zhǎng 我是足球队的队长。

⓮ bǐ 比 compare　⓯ sài 赛（賽）match　bǐ sài 比赛 match　jīn tiān fàng xué yǐ hòu　wǒ men yǒu zú qiú bǐ sài 今天放学以后，我们有足球比赛。

1 用所给结构看图说话 见参考答案

结构：他看了一个小时电视。

你可以用

a) 五分钟　十分钟
b) 一刻钟　三刻钟
c) 半个小时
d) 一个小时　两个小时
e) 一个小时零五分钟
　两个小时十分钟
f) 一个半小时　两个半小时

① 

做功课

② 

踢足球

③ 

打羽毛球

④ 

打电话

⑤ 

打排球

⑥ 

画国画

⑦ 

上课

⑧ 

下棋

教学建议

- 此练习复习"时量补语"的用法。老师可以结合图片先带领学生练习动词，然后通过提问引出结构"主语 + 动词 + 了 + 时量补语 + 宾语"。
- 可以将学生分成两个小组，每组分发四道练习，小组内再两人一组看图说话。规定时间到了后再轮换小组进行练习。全部句子完成后，老师口头提问，检验学生造句情况。

第 1 题　补充练习

1. 吃午饭　12:00-13:00
2. 滑雪　3:00-4:30
3. 看足球比赛　1:00-3:00

第 1 题　参考答案

1. 她做了一个半小时功课。
2. 他们踢了两个小时零五分钟足球。
3. 她们打了五十分钟羽毛球。
4. 她打了四十分钟电话。
5. 他们打了两个小时十分钟排球。
6. 她们画了三刻钟国画。
7. 他们上了一个小时零五分钟课。
8. 他们下了一个小时一刻钟象棋。

2 用所给结构看图说话

结构：他们（正）在下国际象棋。

① 

唱歌

她们正在唱歌。

② 

打篮球

他们正在打篮球。

③ 

滑冰

他正在滑冰。

④ 

上网

她正在上网。

⑤ 

吃饭

他们正在吃饭。

⑥ 

拉小提琴

她正在拉小提琴。

3 听课文录音，回答问题

1) 王雷的学校一天上几节课？
五节课。

2) 一节课多长时间？
五十分钟。

3) 王雷他们午饭时间一般做什么？
做运动，参加兴趣小组活动。

4) 他们学校有乐队吗？
有。

5) 王雷有什么爱好？
唱歌、踢足球。

6) 他今天放学以后有什么活动？
足球比赛。

7) 他参加武术队了吗？
没有。

8) 他周末有没有课外活动？
没有。

教学建议

- 老师可以先带学生复习动词，然后通过提问引出“谁（正）在做什么”的结构。
- 老师带学生练习两幅图后，可以让学生两人一组做对话练习。
- 老师可以补充更多的图片，将学生分成两组，做“你来比划我来猜”的游戏，先猜对并正确说出句子的小组得分。

教学建议

- 可以利用听力练习导入课文。
- 提醒学生边听边做笔记。
- 可以补充其他问题，给水平高的学生挑战。

第 3 题　补充练习

1. 王雷午饭时间会去做哪些运动？
2. 王雷的学校有哪些兴趣小组？

课文 1

46

wáng léi nǐ men xué xiào yì tiān shàng jǐ jié kè
王雷，你们学校一天上几节课？

wǔ jié kè
五节课。

yì jié kè duō cháng shí jiān
一节课多长时间？

wǔ shí fēn zhōng
五十分钟。

nǐ men wǔ fàn shí jiān yì bān zuò shén me
你们午饭时间一般做什么？

wǒ men huì qù zuò yùn dòng bǐ rú dǎ lán qiú dǎ pái qiú dǎ wǎng qiú děng děng wǒ men hái huì cān jiā xìng qù xiǎo zǔ de huó dòng wǒ men xué xiào yǒu gè zhǒng xìng qù xiǎo zǔ bǐ rú hé chàng duì yuè duì wǔ shù duì děng děng nǐ kàn tā men zhèng zài xià guó jì xiàng qí
我们会去做运动，比如打篮球、打排球、打网球等等。我们还会参加兴趣小组的活动。我们学校有各种兴趣小组，比如合唱队、乐队、武术队等等。你看，他们正在下国际象棋。

nǐ jīn nián cān jiā le shén me kè wài huó dòng
你今年参加了什么课外活动？

wǒ xǐ huan chàng gē suǒ yǐ cān jiā le hé chàng duì wǒ hái cān jiā le zú qiú duì shì zú qiú duì de duì zhǎng jīn tiān fàng xué yǐ hòu wǒ men yǒu zú qiú bǐ sài
我喜欢唱歌，所以参加了合唱队。我还参加了足球队，是足球队的队长。今天放学以后，我们有足球比赛。

zhōu mò nǐ yǒu huó dòng ma
周末你有活动吗？

méi yǒu
没有。

教学建议

- 课文重点培养学生的口语交际能力。
- 听录音跟读后，可以让学生两两一组做对话练习。
- 老师可以通过提问检测学生对课文内容的熟悉情况。
- 老师可以将课文中重要的词汇和语言点拿掉，在学生熟悉内容后做完型填空练习。
- 重点练习课文第三、四两段对话。

教学建议

- 建议采用轮换的方式进行问答训练：学生可以面对面站成两排，两两一组在规定时间里按题目顺序互相问答，时间到了以后都向右一步换新的问答对象，新的小组以速度较慢的一方为准继续问答，直到问完所有问题。

4 角色扮演

You are chatting on line with your friend. Make a conversation using the questions suggested.

1) 你叫什么名字？

2) 你在哪个学校上学？

3) 你们学校有多少个学生？多少位老师？

4) 你今年上几年级？

5) 你今年有几门课？有什么课？

6) 你喜欢上什么课？为什么？

7) 你不喜欢上什么课？为什么？

8) 你每天上几节课？一节课多长时间？

9) 你们午饭时间一般做什么？

10) 你今年参加了什么课外活动？

11) 你周末一般做什么？

12) 你喜欢你的学校吗？为什么？

你可以用

a) 我在上海一中上学。
b) 我们学校是一所寄宿学校。
c) 我们学校有八百多个学生、五十多位老师。
d) 我今年上初二。
e) 我今年有八门课：英语、汉语、数学、物理、化学、历史、地理和美术。
f) 我喜欢学历史、生物和美术。生物是我最喜欢的科目。
g) 我对戏剧很感兴趣，我的戏剧老师也教得很好。
h) 我喜欢学汉语，因为汉语非常有用。我不觉得汉语难学。
i) 我们午饭时间会去参加兴趣小组的活动，还会去做运动。
j) 我今年参加了三个课外活动：打排球、踢足球和游泳。
k) 我是网球队的队长。

生词 2 47

1. lèi 累 tired
2. qí 骑（騎）ride
3. xíng 行 go　zì xíng chē 自行车 bicycle　qí zì xíng chē 骑自行车 ride a bicycle
4. mǎ 马 horse　qí mǎ 骑马 ride a horse
5. jí tā 吉他 guitar　tán jí tā 弹吉他 play the guitar
6. gāo ěr 高尔（爾）fū qiú 夫球 golf　dǎ gāo ěr fū qiú 打高尔夫球 play golf
7. bǔ 补（補）make up for
8. xí 习（習）study; learn　bǔ xí 补习 extra tuition; lessons after school
9. chú 除 besides　chú le 除了 besides
10. yǐ wài 以外 other than　chú le kè wài huó dòng yǐ wài, xīng qī èr wǒ hái yǒu shù xué bǔ xí 除了课外活动以外，星期二我还有数学补习。

    Grammar: **Sentence Pattern: 除了…（以外），Subject + 还…**

11. huā 花 spend
12. dú 读 read　dú shū 读书 read　wǎn fàn yǐ hòu, wǒ huì huā yí ge xiǎo shí dú shū 晚饭以后，我会花一个小时读书。
13. xì 戏 game　yóu xì 游戏 game　diàn nǎo yóu xì 电脑游戏 computer games　wánr diàn nǎo yóu xì 玩儿电脑游戏 play computer games
14. xùn 训（訓）train; drill
15. liàn 练（練）practise　xùn liàn 训练 train; drill　wǒ yào liàn wǔ shù, hái yào cān jiā zú qiú xùn liàn 我要练武术，还要参加足球训练。
16. cóng xiǎo 从小 from childhood　wǒ cóng xiǎo jiù liàn wǔ shù 我从小就练武术。
17. cuò 错（錯）(used in the negative) bad; poor　bú cuò 不错 not bad; pretty good

    wǒ zú qiú tī de bú cuò 我足球踢得不错。= wǒ tī zú qiú tī de bú cuò 我踢足球踢得不错。

    Grammar: **The first verb "踢" can be omitted.**

生词教学

- 骑：可以进行词语扩展，如"骑马、骑自行车"。
- 花：可以进行词语扩展，如"花钱、花一个小时"等。
- 不错：形容词，"不坏，好"的意思，可以用在动词后作补语。
- 可以利用录音、PPT 和生词卡片练习生词。

教学建议

- 根据图片完成描述后，学生分小组结合实际情况说一说自己每天的活动安排和兴趣爱好。小组成员注意记录同组人的情况，为练习 6 做准备。
- 程度低的同学可以参考“你可以用”中的句子来做练习。

5 模仿例子，看图说话 见参考答案

例子：

他从早到晚都很忙，每天都很累。

①

④

②

⑤

③

⑥

你可以用

a) 他每天都有很多活动，从早到晚都很忙。

b) 他喜欢骑马和打网球。

c) 他今年参加了好几个课外活动，有打高尔夫球、打羽毛球、滑冰等等。

d) 放学以后，他们经常在学校踢足球。

e) 除了音乐以外，她还喜欢运动。她特别喜欢打冰球。

f) 他每天晚上都先做功课，然后看电视。

g) 他从小就打篮球。他篮球打得非常好，是篮球队的队长。

h) 他对滑雪非常感兴趣。他每年冬天都去滑雪。

140

第 5 题　参考答案

1. 他今年参加了学校的羽毛球队和足球队。
2. 放学以后，他们经常在学校打篮球。
3. 他总是先做功课，然后玩儿电脑游戏。
4. 除了打高尔夫球以外，她还经常游泳。
5. 她喜欢打网球和唱歌。
6. 他对骑马和滑雪非常感兴趣。

6 用所给结构看图说话

结构：除了读书以外，我还要弹钢琴、练武术。

① 喜欢

除了排球以外，他还喜欢打乒乓球。

② 要

除了看书以外，她还要画画儿。

③ 喜欢

除了做作业以外，他每天还喜欢玩儿电脑游戏。

④ 要

除了足球以外，他还要练武术。

7 听课文录音，回答问题

1) 他这个学期累吗？忙吗？
很累。因为他从早到晚都很忙。
2) 他每天怎么上学？
骑自行车。
3) 他每天上几节课？
五节课。
4) 他放学以后有什么课外活动？
弹吉他、打高尔夫球、骑马等等。
5) 他哪天有补习课？
星期二。
6) 他晚上花多长时间读书？
一个小时。
7) 他一般几点睡觉？
十一点。
8) 他周末有什么课外活动？
练武术、踢足球。

教学建议

- 结合练习 6 讲练语言点“除了……（以外），……还……”。
- 根据图片完成句子后，可以结合练习 5 的记录情况，用该句型来介绍小组成员。

教学建议

- 可以利用听力练习导入课文。
- 提醒学生边听课文边做笔记。
- 学生回答听力问题时，老师可以就课文内容做适量补充，完成课文的展示、串讲。

教学建议

- 课文重点培养学生的书面语交际能力。
- 可以在讲解完课文后，让学生填写去掉了重点词语和核心语言点的课文，结合课本插图做完型填空。
- 熟悉课文内容后，可以请学生仿照第二段写一小段自身情况。

课文 2

48

zhè ge xué qī wǒ měi tiān dōu hěn lèi cóng zǎo dào wǎn dōu hěn máng
这个学期我每天都很累，从早到晚都很忙。

cóng xīng qī yī dào xīng qī wǔ wǒ měi tiān zǎo shang liù diǎn jiù qǐ chuáng le chī wán zǎo fàn yǐ hòu wǒ qí zì xíng chē qù shàng xué wǒ men zǎo shang bā diǎn kāi shǐ shàng kè shàng wǔ yǒu sì jié kè xià wǔ yǒu yì jié kè xià wǔ sān diǎn bàn fàng xué fàng xué yǐ hòu wǒ yǒu hěn duō kè wài huó dòng yǒu tán jí tā dǎ gāo ěr fū qiú qí mǎ děng děng chú le kè wài huó dòng yǐ wài xīng qī èr wǒ hái yǒu shù xué bǔ xí wǎn fàn yǐ hòu wǒ huì huā yí ge xiǎo shí dú shū yǒu shí hou hái huì wánr yí huìr diàn nǎo yóu xì wǒ yì bān shí yī diǎn shuì jiào
从星期一到星期五，我每天早上六点就起床了。吃完早饭以后，我骑自行车去上学。我们早上八点开始上课，上午有四节课，下午有一节课，下午三点半放学。放学以后，我有很多课外活动，有弹吉他、打高尔夫球、骑马等等。除了课外活动以外，星期二我还有数学补习。晚饭以后，我会花一个小时读书，有时候还会玩儿一会儿电脑游戏。我一般十一点睡觉。

zhōu mò wǒ yě hěn máng wǒ yào liàn wǔ shù hái yào cān jiā zú qiú xùn liàn wǒ cóng xiǎo jiù liàn wǔ shù zú qiú yě tī de bú cuò
周末我也很忙。我要练武术，还要参加足球训练。我从小就练武术，足球也踢得不错。

8 用所给结构看图说话 见参考答案

教学建议

- 本题涉及副词“就”的三种用法，可以先每种用法举一个例句，复习总结后再做练习。

A. 结构：我们七点半就开始上课了。 她坐巴士上班，十分钟就到了。

（就：as early as）

① 

七岁
弹吉他

② 

在上海工作的
时候
学汉语

③ 

走路
学校

④ 

开车
公司

B. 结构：我今天就跟爸爸说。

（就：right away）

① 

一会儿
吃饭

② 

现在
回家

C. 结构：商场就在我家对面。

（就：exactly）

① 

滑冰场
超市

② 

我的学校
这里

第 8 题 参考答案

A: 1. 他七岁就开始弹吉他了。
2. 他在上海工作的时候就开始学汉语了。
3. 她走路上学，十五分钟就到学校了。
4. 他开车去上班，二十分钟就到公司了。

B: 1. 我们一会儿就吃饭。
2. 他现在就回家。

C: 1. 滑冰场就在超市楼下。
2. 我的学校就在这里。

9 角色扮演

Interview a teacher or non-teaching staff in your school, use the questions suggested to make a conversation.

1) 您是哪国人？您会说什么语言？您学了几年汉语？您觉得汉语难学吗？

2) 您是哪年来这所学校工作的？您以前在哪儿工作？

3) 您喜欢这所学校吗？为什么？

4) 您每天怎么上班？您一般早上几点到学校？

5) 您到学校以后先做什么？

6) 您最近工作忙吗？您每天都做什么？

7) 您午饭一般吃什么？您喜欢吃中餐吗？您喜欢吃什么中餐？

8) 您一般几点下班？您下班以后一般做什么？

9) 您有什么爱好？您小时候的爱好跟现在的一样吗？

你可以用

a) 我以前学过一点儿汉语，但是我汉语说得不好。

b) 我是从二〇〇八年开始在这所学校工作的。我很喜欢在这里工作。

c) 到学校以后，我一般会先看电邮。

d) 中餐、西餐，我都喜欢吃。

e) 我下班以后常常去做运动。

f) 我从小就喜欢打篮球，现在还很喜欢打篮球。

教学建议

- 建议请学生以小组为单位采访学校里的老师或工作人员，小组成员分工协作问受访者不同的问题。采访后将受访者的情况整理成一段书面介绍或做成PPT简报提交给老师。

10 口头报告

Talk about your daily routine and hobbies. You should include:

- activities you do during lunch time in school
- activities you do after school and on weekends
- any teams or clubs you have joined
- when you started these activities and how good you are at them

例子：

我今年参加了很多课外活动。我每天中午和放学以后都有课外活动，周末也有活动。虽然每天都很累，但是我觉得非常开心。

星期一中午我……

你可以用

a) 我从小就喜欢跳舞。跳舞的时候我很开心。
b) 我初一就参加了学校的足球队。我现在是足球队的队长。
c) 我每个周末都有武术训练。
d) 我每个星期二和星期四中午都有活动。我星期二有吉他课，星期四要参加合唱队的活动。
e) 我星期六上午下棋，下午有数学补习和汉语补习。
f) 我从去年开始打高尔夫球。现在我高尔夫球打得挺不错的。
g) 我参加了学校的篮球队。我们的篮球队经常参加比赛。明天放学以后我们有篮球比赛。

教学建议

- 建议请学生两人一组分两步完成口头报告。可以先结合练习 4 角色扮演中的问题互相采访，然后将采访结果做成 PPT 简报，下次课向班级介绍自己的同伴。